KB055446

| 생태문명총서 2 |

LA COSMOVISIÓN DE LA TRADICIÓN
MESOAMERICANA

메소아메리카 전통의
꼬스모비시온
'신과인간'

알프레도 로뻬스 아우스띤 지음

한국외국어대학교 중남미연구소 엮음

조구호·최해성·김수진·정경원·김윤경·유왕무 옮김

한울
아카데미

| 일러두기 |

1. 이 책은 알프레도 로뻬스 아우스띤(Alfredo López Austin)의 *La cosmovisión de la tradición mesoamericana*(México: Arqueología mexicana, 2016)의 내용을 저자와 원출판사의 허락을 받아 한국외국어대학교 중남미연구소에서 새롭게 정리해 구성한 것입니다.
2. 이 책의 외국어는 현지 발음에 가깝게 표기했습니다. 단, 정확한 발음을 알기 어려운 일부 원주민 단어는 한글로 표기하지 않고 원어를 그대로 썼습니다.

'생태문명총서'를 발간하며

지구촌 곳곳에서 기후변화, 지구온난화, 생물다양성 감소 등 심상치 않은 생태 위기의 조짐이 급격히 나타난다. 특히 최근 팬데믹 사태는 위기의식 확산의 결정적 계기가 되었다. 모두 합쳐 보아야 채 1kg도 되지 않는다는 '코로나19' 바이러스에 80억 인류가 절절매는 모습을 보면서 '자연의 분노'가 얼마나 큰 재앙을 초래하는지 우리 모두 통감하게 되었다. "자연에 반하는 삶이 인간에게 불평등과 예속, 불행을 가져다줄 것"이라는 18세기 장 자크 루소(Jean Jacques Rousseau)의 말처럼, 이대로 가다간 더 큰 재앙이 닥칠 수도 있다는 위기감이 커지고 있다. 더 늦기 전에 자연을 대하는 생각과 태도를 전면적으로 바꾸어야 할 때가 된 것이다.

'생태문명총서'는 이처럼 코로나19 팬데믹을 계기로 생태환경에 대한 인식이 급격히 고조된 시점에 세상에 나오게 되었다. 그러나 우리가 절묘한 '타이밍'을 미리 예측한 것은 아니다. 이 총서의 가치를 언젠가는 인정받으리라는 막연한 기대를 했지만, 기획할 당시만 하더라도 '생태문명'에 대한 논의가 이처럼 빨리 전개될 것이라고는 거의 예상하지 못했다.

'생태문명총서'는 한국외국어대학교 중남미연구소가 한국연구재단의 후원으로 2019년 5월부터 진행 중인 인문한국플러스(HK+)

사업의 일환으로 마련되었다. 본 연구소는 7년(2019~2026)의 사업 기간에 걸쳐 20여 권의 학술 및 교양 총서를 발행할 예정인데, '생태문명총서'는 학술총서에 해당하는 것이다. 교양총서가 일반 독자를 대상으로 라틴아메리카 전반을 다루는 것이라면 '생태문명총서'는 사업단 어젠다와 직접적으로 연관된다. 따라서 학술총서의 발행 취지에 대한 독자들의 이해를 돕기 위해서는 우리가 오랜 기간 준비해 온 연구의 취지와 내용을 소개할 필요가 있다.

한국외국어대학교 중남미연구소의 HK+ 사업 어젠다는 '21세기 문명 전환의 플랫폼, 라틴아메리카: 산업문명에서 생태문명으로'이다. 제목에서 드러나듯 이 주제는 현재 세계가 당면한 환경과 생태 문제에 대한 대안적 패러다임을 중남미 지역 연구를 통해 모색하려는 것이다. 일견 '중남미'와 '문명 전환'이라는 두 개의 키워드는 서로 무관한 것처럼 보인다. 그러나 16세기 이후 인류 문명의 새로운 패러다임은 항상 중남미에서 비롯되었다. '근대'는 아메리카 대륙의 '발견'과 함께 개막되었으며, 산업혁명과 자본주의 역시 중남미에서 유입된 은이 원동력을 이루었다. 근대가 중남미에서 추동되었듯, 탈근대 사상의 자양분 역시 중남미 지식인들에 의해 뿌려졌다. 포스트모더니즘의 선구자 호르헤 루이스 보르헤스(Jorge Luis Borges, 아르헨티나), 서구 중심의 근대성을 비판한 옥따비오 빠스(Octavio Paz, 멕시코), 해방신학의 아버지 구스따보 구띠에레스(Gustavo Gutiérrez, 페루), 해방철학을 주창한 엔리께 두셀(Enrique Dussel, 아르헨티나), '바로크적 에토스'를 통해 자본주의의 대안을 모색한 볼리바르 에체베리아(Bolívar Echeverría, 에콰도르-멕시코) 등이 대표적이다. 수천 년 동안 이어져 온 창조론적 사고를 획기적으로 뒤집은 진화론의 '기원'이 바로 갈라파고스 제도였다는 사실은 '문명 전환의 플랫폼'으로서 중남미의 중요성을 상징적으로 보여준다.

우리는, 21세기 생태와 환경의 위기에 직면해 다시 한번 이 대륙을 주목하고 있다. 이 지역 국가들이 '지속가능한 발전'에 내포된 한계를 극복하고 생태계와 인간성의 회복을 위한 근원적인 패러다임의 가능성을 제시하고 있기 때문이다. 대표적으로 2008년에 제정된 에콰도르의 신헌법은 인간에게 '인권'이 있듯 자연에는 '자연권(The Right of Nature)'이 있다고 선언한 바 있다. 같은 맥락에서 볼리비아 역시 2011년에 세계 최초로 '어머니 지구'의 생존권을 보장하자는 일명 '어머니 지구 권리법(Ley de Derechos de la Madre Tierra)'을 명문화했다. 안데스 국가들에서 께추아어로 '어머니 대지'를 의미하는 '빠차마마(Pachamama)', '좋은 삶(good living, living well)'을 의미하는 '수막 까우사이(Sumak Kawsay)'는 자연과 인간의 조화로운 공생을 지향하는 새로운 사회·문화적 패러다임으로 확산되고 있다. 이 밖에도 중남미의 많은 국가에서 자연권 및 생태 사상을 반영한 관련 법률이 제정되었음을 감안하면 생태주의적 패러다임의 제도화와 사회적 실천 측면에서 이 지역은 세계에서 가장 앞서나가는 곳이라 할 수 있다.

중남미의 이 같은 실험적 시도는 그 성패 여부와 상관없이 대단히 중요하고 시의적절한 것이라고 판단된다. 자연권에 근거해 새로운 인간상의 정립과 공동체적 대안을 모색하려는 인식의 변화와 노력 자체가 인류 문명의 새로운 전환을 위한 시도로서 중대한 의미를 지니기 때문이다. 이에 따라 우리에게 그들의 시도를 총체적으로 살펴볼 필요성이 대두되었다. 인문학적 관점에서 중남미의 역사와 사상, 문화 등 인식론적 계보를 추적하고, 사회과학적 관점에서 중남미의 정치와 경제, 사회, 법률 등 구조적 요인을 고찰하며, 환경학적 관점에서 이 대륙의 생태와 환경 문제 등 자연적 요인을 과학적으로 분석해야 한다는 것이다.

우리의 기획은 국내외적으로 유례를 찾기 어려울 만큼 참신하고 창의적이다. 중남미의 과거와 현재, 정신과 물질, 인간과 자연을 아우르며 인류가 지향해야 할 미래의 패러다임을 모색한다는 점에서 이 대륙에 대한 '재발견'의 시도라고 말할 수 있을 것이다. 우리의 '발견'은 물질적 탐욕으로 추동되었던 1492년의 그것과는 사뭇 다를 것이다. 우리는 중남미에서 인류를 위한 공존과 상생의 지혜를 찾고자 시도할 것이기 때문이다.

앞서 언급했듯, 중남미연구소가 인문한국플러스(HK+) 사업을 시작한 지 채 1년도 지나지 않아 코로나19가 전 세계를 엄습했다. 팬데믹 초기에 인류는 예기치 않은 자연재해를 당한 것처럼 당혹감을 감추지 못했으나 점차 시간이 흐르면서 이 사태가 주는 역사적·문명사적 함의를 반추하기 시작했다. 즉, "19세기는 1800년 1월 1일이 아닌 1830년 산업혁명과 함께 시작되었으며, 20세기는 1914년 제1차 세계대전과 함께, 그리고 21세기는 코로나19 팬데믹과 함께 시작되었다"는 포르투갈의 사상가 소우사 산또스(Sousa Santos)의 말처럼 코로나19 팬데믹은 뉴 노멀(New Normal) 시대의 개막을 알리는 신호탄으로 해석되고 있다. 이 같은 상황은 본 사업단의 연구 어젠다의 필요성과 시의성을 배가하는 계기가 되었다. 단기간에 인류 전체를 전염병의 우리에 가두어놓은 사상 초유의 코로나19 사태는 과거의 전염병들처럼 백신과 치료제의 개발이라는 과학적 해법을 넘어, 근대 이후 자연을 개발 대상으로만 생각하던 기존의 세계관에 근본적인 성찰을 요구하기 때문이다. 이제 생태와 환경 문제는 관련 전문가들만의 관심사나 추상적인 철학적·윤리적 화두를 넘어 전 세계인이 절박하게 느끼는 일상의 현실적 의제로 부상했다. 불과 얼마 전까지만 하더라도 지구온난화로 인해 극지의 빙하가 사라지고, 태평양 저지대의 섬들이 수몰될 수 있다는 사실은 SF 영화의 한 장면처럼 비현실적인 것이었다. 하지만 코로나19 사태를 겪으며 인류는 기후 위기 역시 어느 날 갑자기 닥칠 수 있는 동시대적 재앙일 수 있다고 우려하기 시작했다. 이런 관점에서 보면 '코로나19 팬데믹 사태'는 자연이 우리에게 주는 마지막 경고이자 기회일 것이다.

어찌 보면 본 사업단이 기획한 학술총서와 교양총서의 구분도 코로나19를 계기로 별 의미가 없어졌다. 애초에 전문가를 대상으로 한 '생태문명총서'는 이제 21세기를 살아갈 일반인을 위한 '교양총서'가 되었다고 해도 과언이 아니기 때문이다. 우리는 본 총서에 전문 지식은 물론이고 시대적 책임감과 소명의식까지 담아내려 노력했다. 총서 발행을 후원해 준 한국연구재단과 출판을 맡아준 한울엠플러스(주)에 감사를 표한다.

한국외국어대학교 중남미연구소장 겸 인문한국플러스 사업단장

전용갑

[메소아메리카 전통의 '꼬스모비시온', 신과 인간에 관해]

'메소아메리카(Mesoamérica)'에서 '메소(meso)'는 그리스어로 '중간'을 의미한다. 이 지역이 북아메리카와 남아메리카의 중간 지점에 위치하기 때문에 그런 이름을 붙였다. 1939년에 개최된 '국제 아메리카 전문가 학회'에서 '아메리카의 문화 요소 분포에 관한 연구를 위한 국제 위원회'가 탄생했다. 위원회는 멕시코에서 활동한 독일의 문화인류학자 폴 키르히호프(Paul Kirchhoff, 1900~1972)를 비롯한 일군의 학자에게 멕시코 중부와 남부, 중앙아메리카 중부 지역 사회들의 문화 지역의 범위를 획정하고 특성을 규정하도록 위임했다. 키르히호프가 1943년에 발표한 연구를 토대로 메소아메리카의 경계를 정한 지도가 등장했다. 이 지역은 확실한 정치적 경계선이 없이 문화적으로 구분되는데, 대략 현재 멕시코의 절반(9개 주), 엘살바도르, 과테말라, 니카라과, 코스타리카, 파나마, 벨리즈, 온두라스를 포함하는 지역이다. 약 2500년 이전에 형성되기 시작한 메소아메리카는 나중에 국가 형태의 조직체들이 생기고, 외부의 영향을 받지 않은 채 독자적으로 발전해 갔는데, '메소아메리카의 전통'이라는 이름을 받게 되는 시기는 크게 둘로 나눌 수 있다. 농경 정주 생활이 시작되고부터 에스파냐의 침략으로 원주

민 사상의 자주성이 단절된 때까지, 그리고 에스파냐의 식민지가
되어 가톨릭 복음화가 시작되고부터 현재까지다. 일부 학자는 메
소아메리카의 시기를 전자로 한정해 전(前)고전기, 고전기, 후(後)
고전기로 분류하기도 한다.

메소아메리카의 역사와 전통에 관해 평생 연구한 학자가 있다.
알프레도 로뻬스 아우스띤(Alfredo López Austin, 1936~)이다. 그는 콜
럼버스(Cristóbal Colón) 도래 이전의 메소아메리카에 관한 연구에서
괄목할 만한 업적을 남긴 맥시코의 역사가로, 맥시코 국립자치대
학교(UNAM) 인류학연구소 명예연구원이자 같은 대학교 인문대학
메소아메리카의 꼬스모비시온(Cosmovisión) 전공 교수로 활동하면
서 수많은 메소아메리카 전문가를 배출했다. 멕시코 국립자치대학
교에서 「인간의 몸과 이데올로기: 고대 나우아족에 관한 개념들
(Cuerpo humano e ideología: Las concepciones de los antiguos nahuas)」로
박사학위를 취득했는데, 학문을 탐구하는 과정에서 아날학파의 영향
을 받았다. 특히 프랑스의 역사학자 페르낭 브로델(Fernand Braudel,
1902~1985)이 각기 다른 역사적 시기에 관해 설정한 개념은 메소아
메리카의 역사적 현실을 설명하고, '핵심(核心, núcleo duro)'의 개념
을 만들려는 로뻬스 아우스띤에 의해 정교하게 다듬어졌다.

로뻬스 아우스띤의 연구는 메소아메리카의 꼬스모비시온, 신
앙, 의례, 신화의 의미를 역사적 맥락에서 이해하는 데 집중되어
있다. 가장 널리 알려진 연구 성과는 인간의 몸과 그 몸을 구성하
는 각기 다른 영혼에 관한 고대인의 개념에 관한 것, 메소아메리카
신화의 본성에 관한 것, 세상의 창조에 관한 것, 우주의 기하학적

구조와 기능에 관한 것 등이다. 현재 페루의 루이스 미요네스(Luis Millones)와 함께 메소아메리카와 안데스의 종교적 전통을 비교하는 연구에 매진하고 있다.

로뻬스 아우스띤은 그동안의 연구 성과를 인정받아 2020년에는 역사, 철학, 문학, 언어, 예술, 사회과학 분야에서 뛰어난 성과를 거둔 사람에게 수상하는 '국가예술문학상(Premio Nacional de Artes y Literatura)'을 받았다.

앞서 언급했다시피 로뻬스 아우스띤은 메소아메리카 역사와 문화를 심층적·총체적으로 이해하기 위해 다양한 개념을 설정했는데, 그 가운데 중추적인 역할을 하는 '꼬스모비시온', '핵심', '신화'에 관해 살펴보자.

로뻬스 아우스띤의 학술적인 작업에서 개념적인 토대를 이루는 '꼬스모비시온'은 유구한 세월 동안 아주 광범위한 공간에서 이루어진, 다양한 인자로 구성된 역사적 사건을 다루기 때문에 아주 복잡한 연구 대상이다. '꼬스모비시온'은 '세계관'의 유사어라고 할 수 있다. 세계관의 사전적 정의는 "어떤 지식이나 관점을 가지고 세계를 근본적으로 인식하는 방식이나 틀"로, 세계관에는 자연 철학 즉 근본적이고 실존적이며 규범적인 원리와 함께 주제, 가치, 감정과 윤리가 포함될 수 있다. 로뻬스 아우스띤이 규정한 메소아메리카 전통의 '꼬스모비시온'은 흔히 세계관이라고 불리는 개념에 메소아메리카 특유의 우주론(cosmology)과 우주기원론(cosmogony)을 포함한 것이다. 한마디로 말해 '꼬스모비시온'은 '메소아메리카적 세계관'이라고 할 수 있을 것이다. 따라서 이 책에서는 'Cosmovisión'을 세계관으로 번역하지 않고 고유명사처럼 그대로 표기했다.

로뻬스 아우스띤은 꼬스모비시온을 "서로가 비교적 강하게 연계되어 있는 교리들의 집합으로, 그 집합과 더불어 개인, 사회 집단 또는 공동체는 어떤 역사적인 순간에 세계가 어떤 것인지에 관한 새로운 관점을 만들려고 시도한다"라고 규정한다. 그가 이해한 '꼬스모비시온'은 부르주아 계급이 긴 세월의 흐름 속에서 만들어 낸 역사적 사실이기도 하다. 그렇듯 '꼬스모비시온'은 메소아메리카라는 문화적 세계에, 수 세기가 길리는 역사적 과정에 속해 있다. 메소아메리카의 현실에 기반한 로뻬스 아우스띤의 제안은 역사적 관점에서 지탱되는데, 그 이유는 문화적 다양성이 역사적 상황과 역사적 변화의 산물이라고 간주되기 때문이다. 다른 방식으로 말하면, 문화의 거대한 구조물 가운데 하나가 '꼬스모비시온'이다. 꼬스모비시온은 인간의 행동을 만들거나 금지하고, 이끌고, 형성하고, 조건지우며, 강화하거나 약화하고, 부추기거나 변경하는 다양한 정신 행위로 구성되어 있다고 할 수 있다. 인간의 정신적인 생산은 사회적 관계에 따라, 특히 의사소통에서 비롯된 상호주관성의 과정에 의해 좌우된다. '꼬스모비시온'은 정신적인 행위를 하는 각 개인이 지닌 기능의 결과가 아니라 어떤 사회적 실체가 생산한 정신 행위들의 집단적인 그물(網)로 이해되어야 한다. 꼬스모비시온을 구성하는 그물이 어느 사회적 실체의 역사적 사건에서 파생되기 때문에 사회적 생산물로서 연구되어야 한다. '꼬스모비시온'이 영원히 변화하는 역사적이고 역동적인 사실이기 때문에 이를 연구하기 위해서는 이 역동적인 변화들을 이해하는 것이 필수적이다.

꼬스모비시온은 다음과 같은 근본적인 질문에 대한 답이라고 할 수 있다. "우주의 궁극적 실재는 무엇인가?", "인간은 어디서 왔으며 존재와 삶의 의미는 무엇인가?", "역사와 문화, 사회, 국가, 전통 등의 의미는 무엇인가?" 다시 말해 우주의 기원, 창조신, 세상, 자연, 인간의 존재와 본질에 대한 인식론적 문제, 그 의미를 천착하는 것이다.

로뻬스 아우스띤은 '핵심'을 특정 '꼬스모비시온'을 구성하는 요소들의 집합이라고 이해하는데, 이 집합은 역사적인 변화에 강력하게 저항하면서 '꼬스모비시온'의 나머지 부분을 구성하고, 의미를 부여한다. 따라서 이 '핵심'은 특정 민족의 지혜와 전통의 토대로 자리매김한 '꼬스모비시온'의 기반이 된다. 이런 의미에서 하나의 '핵심'은 시간적·문화적으로 공유되고, 역사의 영고성쇠에도 지속되는 주요 요소들을 가리킨다. '핵심'은 메소아메리카 전통의 변화를 재구조화하면서, 커다란 차이들로 인해 갈수록 달라져 가는 다양한 사회를 연결하는 영속적인 소통의 토대가 되었다. '핵심'이 체계의 구성 요소들을 조직화하는 역할을 하면서 혁신을 조정하고, 요소들이 약화 또는 와해·손실되었을 때 체계를 복원하는 역할을 하기 때문이다. '핵심'의 개념이 메소아메리카의 역사에 내재된 유구한 이데올로기적 연속성을 설명하기 때문에 로뻬스 아우스띤의 동료들과 제자들에 의해 광범위하게 활용되어 왔다.

로뻬스 아우스띤은 저서 『뜰라꾸아체 신화(Los mitos del Tlacuache)』에서 신화의 개념을 재설정하고, 그 개념을 적용해 메소아메리카의 현실을 설명했다. 그에게 메소아메리카의 신화는 사회적·역사적 사실로 이해되는데, 그 사실은 오랜 세월에 걸쳐 세상에 거주하는 존재들의 주요 특성, 본성, 기원을 설명하는 일련의 신화가 된다. 메소아메리카의 전통에서 신화의 개념을 설정할 때 두 개의 커다란 핵심 요소가 나타난다. 하나는 신앙에 의해 형성되고, 다른 것은 이야기에 의해 형성된다. 이 핵심 요소들은 각기 다른 형태와 성질을 가지나 밑바탕에서는 서로 의존적이다. 신앙이 실제적으로 포착할 수 없고, 편재하고, 경계를 정할 수 없고, 무수한 경로로 표현된다면, 이야기는 텍스트적 본성에 따라 구체적이고 명확하게 표현되기 때문에 그 의미를 해석할 수 있다. 실제로 신화는 열리고, 발전하고, 완성되고, 닫히면서 집단적으로 분석되고, 측정되고, 평가될 수 있는 하나의 총체를 만들어낸다. 신화는 특정할 수 있는 시간, 특정할 수 있는 장소에서 생산된다. 로뻬스 아우스띤의 신화에 대한 정의는 클로드 레비-스트로스(Claude Levi Strauss)와 조지프 캠벨(Joseph Campbell) 같은 학자들의 정의와는 다르다.

이 책에는 메소아메리카의 '신과 인간'에 관한 로뻬스 아우스띤의 다양한 성찰이 담겨 있는데, 앞서 소개한 개념들이 각 장에 어떻게 적용·재생산되어 있는지 간략하게 살펴보겠다.

제1장에서는 메소아메리카의 전통 사상에 나타난 이원론적 분할에 관해 소개한다. 세상 만물은 물질의 두 가지 성질로 구성되어 있다. 한 부분은 춥고 습하고 어둡고 약하고 열등하고 물기가 많고 야성적(夜性的)이고 여성적인 데 반해, 다른 부분은 덥고 건조하고 빛나고 강하고 우등하고 불기가 많고 주성적(晝性的)이고 남

성적이라는 것이다.

로뻬스 아우스띤이 소개한 1년의 이원적 분할에 관해 말하자면, 북쪽의 경계가 북회귀선과 거의 일치하는 메소아메리카는 지리적인 위치 때문에 1년이 단 두 개의 계절, 즉 우기와 건기로 나뉜다. 작물 재배법의 근본이 되고 농사철 옥수수 재배에 아주 중요한 방식으로 작용하는 이런 특수성은 우주의 이원적 개념의 중요성을 부각시킨다. 이 이원적인 개념은 농업과 더불어 새로운 가치를 획득한다. 1년의 주기는 이분법적 대립이 이루어지는 것으로 표현되었는데, 예를 들어 물의 여성적이고 재생적인 힘과 비교되는 죽음이 삶을 만들어내게 하는 반면에, 건기와 짝이 되는 삶이 죽음의 싹이라고 간주된다. 따라서 존재의 거대한 틀 안에는 대립항들 사이의 환원할 수 없는 극성(極性)이 아니라 반대되는 두 요소가 지닌 생산적인 지속성이 존재한다. 죽음/삶에 관한 관념은 1년의 원형처럼 태고부터 농부들의 작품에 구체화되었다. 인상적인 표현들 가운데 하나는 사람의 얼굴을 세로로 나누어 한쪽은 살이 붙어 있는 모양으로, 다른 한쪽은 살을 발라낸 모양으로 표현한 것이다.

로뻬스 아우스띤에 따르면 가장 인상적인 주기는 세상의 기원이 된 주기다. 매일 태양이 태어나, 창공을 가로질러 서쪽에 도착하고, 쇠퇴(일몰)기에 죽어서 지하 세계에 머물다가 동쪽으로 다시 나오는 것이 무한히 계속된다. 주기를 관장하는 기관은 '세계(우주)의 중심'인 '세계 축(axis mundi)'이다. 신성한 산 속 빈 공간에 만들어진 거대한 창고가 '세계 축'의 어느 특권적인 장소를 점유한다. 하늘과 지하 세계를 소통시키는 통로로서 세계의 중심에 위치한 신성한 산('우주산')은 그 중심축의 복제품들을 만들기 위해 네 방향을 향해 투사된다.

제2장에서 로뻬스 아우스띤은 하늘의 법칙과 지상의 삶의 관계를 인식하는 차이가 문화권별로 어떻게 나타나는지 다루면서, 천체에 대한 인간의 지식이 과학적 영역으로 들어와 학문으로 자리잡는 과정을 기술한다. 고대인들의 천문학 지식 체계는 그들의 사회적·지적(知的) 삶을 이해하는 훌륭한 자료이기 때문에 메소아메리카 원주민들이 남긴 문서와 그림, 건축물 등을 연구하는 학문의 의미와 발전 양상에 대해 알아야 할 필요가 있다.

로뻬스 아우스띤은 메소아메리카인들이 하늘을 관찰한 이유와 방법을 구체적으로 열거하고, 마야인의 특별한 업적인 천문학적 계산, 즉 역법에 대한 계산 원리를 상세히 설명한다. 고고학은 건축과 도시계획, 건축물의 배치에 반영된 고대인들의 천문학적 지식을 이해하는 데 결정적인 단서를 제공하는데, 그는 놀라운 건축 기술의 사례로 치첸 이싸(Chichen Itza)나 몬떼 알반(Monte Albán)의 건축물을 들고 있다. 끝으로 천문학과 정치의 긴밀한 관계를 논하면서 통치자에게 천문학적 지식이 얼마나 중요한 이념적 무기가 될 수 있는지 살펴본다.

제3장에서 로뻬스 아우스띤은 메소아메리카의 인간에 대한 관념이 종교와 신화, 윤리, 심지어 정치에 이르는 다양한 사고 체계를 형성하는 근간이 되었다고 주장한다. 그에 따르면 인체는 고밀도의 무거운 물질과 신성을 띤 가벼운 물질로 이루어져 있다. 이 같은 구성 요소는 인간의 해부학적인 특징뿐만 아니라 생리학적

인 특징을 보여주고, 피조물로서 인간의 다양한 활동을 보증한다. 고밀도의 물질은 일종의 용기가 되어 그 안에 가벼운 물질인 내용물을 담아낸다.

로뻬스 아우스띤은 '본질적인 영혼'과 '개별화된 영혼'이 인간을 구성한다고 주장한다. 모든 영혼 중에서도 가장 중요한 것은 인간의 심장에 깃든 본질적 영혼, 정체성을 형성하는 영혼이다. 신이 특정한 종에 본성을 부여할 때는 모든 개인을 서로 닮게 한다. 원칙적으로 본질적 영혼은 인류의 수호신이 갖는 본질의 한 조각으로 만들어지는데, 이 수호신은 신화 시대에 인간을 창조한 신으로서, 어머니의 자궁에서 형성되는 각각의 아이에게 아버지-어머니로서 그 영혼을 전달해 준다. 본질적 영혼이 각 개인을 서로 다른 층위의 집단 전체와 동일화하는 역할을 한다면, 각 개인에게 개별적 특성을 부여하는 또 다른 영혼들도 있다. 이들 영혼은 본질적인 영혼과는 다른 것으로, 각 개인에게 영구적으로 편입되기도 하고, 일시적으로 깃들기도 한다.

로뻬스 아우스띤에 따르면 신이 인간에게 베풀어준 온갖 선에 대한 대가로 인간이 신에게 제공할 수 있는 최고의 행위는 자신의 몸과 기운을 바치는 것이다. 그래서 사람이 죽으면 몸을 흙으로 돌려보내 대지의 양분이 되게 하고, 땅이 주었던 모든 것도 다시 돌려보내며, 땅에 대해 행한 모든 모욕적 행위, 심지어는 변을 보아 땅을 더럽힌 행동까지 그 값을 치른다.

제4장은 '신성과 인간의 관계'를 다룬다. 메소아메리카 전통에서 인간은 신들이 거주하는 '안에꾸메노(anecúmeno)' 세계의 시공

간을 상정하고 신들을 경배한다. 동시에 신들은 인간의 거주지인 '에꾸메노(ecúmeno)' 세계에 왕림해 인간과 신의 소통이 활발하게 이루어진다. 그러나 제임스 조지 프레이저(James George Frazer, 1854~1941)가 지적하듯이 인간과 신의 관계가 모호해서 인간이 신을 대하는 태도는 순명과 불복종 사이를 넘나든다. 인간의 봉헌과 희생에 대한 대가로 신은 안에꾸메노의 영원한 현재를 에꾸메노의 현재로 가져온다. 다시 말해 봉헌 제물을 통해 소우주에서 대우주를 만드는 것이다.

에스파냐의 정복이 진행되면서 미사와 성찬을 주관하는 에스파냐의 신부들이 옛 인디오의 사제들을 대체했다. 하지만 원주민은 자신들의 사제와 은밀하게 고유의 종교 행위를 지속했다. 원주민의 종교 행위는 개인숭배와 집단숭배의 형태로 나타났는데, 일반적으로 개인숭배는 집단숭배의 걸림돌이 되지 않게 사적으로 이루어졌다. 종교 의식은 일상생활에서도 광범위하게 유포되어 '까뿌츠힐(Caputzhil)'이라는 성인식, 결혼식, 장례식, 지도자 승진식 등에서도 종교적 속성이 드러났다. 신과 인간의 호혜주의 원칙에 따라 인간에게 가장 고통스러운 의무는 신에게 자신의 생명을 바치는 일이었다. 반면에 20일 단위의 18개월로 구성된 360일 주기와 13일 단위의 20개월로 구성된 260일 주기의 날들을 통해 신들은 각 축제 때마다 자신에게 부여된 특정한 능력으로 인간을 보호하기 위해 세상으로 왕림했다.

때때로 인간은 자신에 대한 확신을 바탕으로 신과 동등하거나 우월하다고 인식해 신에게 불복종한다. 신에 대한 불복종으로 인한 갈등을 해결하는 방안이 바로 주술이었다.

제5장에서 로뻬스 아우스띤은 메소아메리카 전통에서 '신화'의 의미를 정의하고, 신화와 신앙의 특성, 신화와 의례의 관계, 신화와 역사의 관계 등을 설명한다. 메소아메리카의 전통에서 신화의 개념을 설정할 때 두 개의 핵심 요소가 나타난다. 하나는 신앙에 의해 형성된 것이고, 다른 것은 이야기에 의해 형성된 것이다. 이 두 가지 핵심 요소는 세상이 만들어지는 과정에서 안에꾸메노와 에꾸메노 사이의 인과관계를 따른다. 이들 요소는 다른 형태와 성질을 가지나 밑바탕에서는 서로 의존적이다.

로뻬스 아우스띤에 따르면 신화와 의례는 '꼬스모비시온'의 가장 뛰어난 표현이라고 할 수 있다. 비록 '꼬스모비시온'이 사회적 활동의 모든 분야에서 명백하게 나타난다고 해도, 신화와 의례가 명료하지 않다고 해도, 이 둘은 '꼬스모비시온'을 가장 완전한 방식으로 밝혀준다. 신화와 의례는 실제로 불명료하지만, '꼬스모비시온'의 가장 모호한 부분에서 직접적으로 파생된 것이다. 신화와 의례가 공통의 기원을 가진다는 것은 이 둘이 유사하다는 사실을 설명해준다.

신화와 역사도 동일한 유형의 유래를 가진다. 일부 학자는 신화를 집단기억의 원시적이고 유아적인 형태로 간주하는데, 집단기억은 진화하고 완성되면서 실제적인 사상이 된다. 역사적인 사건들의 시퀀스와 신화적인 사건들의 시퀀스 사이에는 현격한 차이가 있다. 역사적인 사건들은 끊이지 않고 엮여 있는 시퀀스들로 이루어진 광대한 그물(res gestae)을 형성하는데, 역사가는 자신이 종합한 단편적 사건들(rerum gestarum)에 대한 이해를 그들 시퀀스를 통해 도모한다. 신화적 사건들은 모두 공통의 개념적 토대, 즉 신화적 환경으로부터 파생되나 각각의 신화는 자율성을 가지는데, 그 이유는 그 신화들 사이에는 시간적인 시퀀스나 논리적인 시퀀스 사이의 필연적인 관계가 없기 때문이다.

더불어 이 장에서는 '세상 창조', '태양과 달', '옥수수의 탄생'에 관한 흥미로운 신화가 소개된다.

제6장에서는 '가속과 공동체'에 관해 다룬다. 로뻬스 이 우스띤에 따르면 메소아메리카의 전통에서 가족은 혈연관계로 결합한 두 명 또는 그 이상의 구성원으로 형성된 집단이다. 다양한 나이의 구성원이 가족으로 결합하는데, 그들 사이에는 행동과 역할, 책임에 관한 특정한 규칙이 존재한다. 가족의 주거와 관련해서는 우주에 관한 사상이 메소아메리카에서 주택의 건축을 지배하는 원리로 작용하는데, 주택의 건축에서는 공동체 구성원의 협력이 필요하며, 구성원은 상호성이라는 도덕적인 의무를 수행해야 한다.

로뻬스 아우스띤은 문화를 구성하는 핵심적인 요소들을 만들어내는 다양한 사회관계가 주어지는 곳이 바로 '공동체'라고 주장하면서 '깔뿔리(calpulli)'를 공동체의 대표적인 예로 소개한다. 이 장에 소개된 '깔뿔리'의 기원, 종류, 기능, 의미는 메소아메리카의 공동체 문화의 진수를 보여준다. 한마디로, '깔뿔리'에 관한 모든 사항이 집대성되었다고 할 수 있다.

메소아메리카인은 인간이 수호신에 의해서 창조되었다고 믿었다. 수호신이 자신을 이루고 있는 물질의 일부를 인간에게 집어

넣어, 그것으로 자식들의 본질적인 영혼을 만들었다는 것이다. 일단은 첫 번째 남녀 한 쌍이 만들어지고, 안에꾸메노의 도시 즉 신화적인 똘란(Tollan)에 세상을 세우기 전에 그 후손들이 재생산되었다.

로뻬스 아우스띤은 직업의 상속에 관해서도 언급한다. 조상의 직업을 상속받는다는 믿음은 계보학적으로 거슬러 올라가면 수호신에 대한 믿음에서 비롯된 것이다. 직업은 수호신이 첫 조상에게 내린 명령과 가르침에서 비롯된 것이기 때문에 직업의 계승은 신자들에게는 종교적인 의무였다.

제7장에서는 메소아메리카에서의 '권력의 기원과 실제'에 관해 분석한다. 메소아메리카 사회는 일반적으로 소수의 특권층과 다수의 평민층으로 구성된다. 귀족은 사회적 지휘권은 물론 집단의 수호신 역할을 자처하고, 평민은 고된 생산 활동에 집중한다. 귀족에게 권력은 사회적 통치를 위한 신성함을 관리하는 성스러운 소유물이었고, 그로 인해 귀족은 땅 위에 있는 신의 현신이 될 수 있었다. 메소아메리카에는 혈연 통치 체제와 영토 통치 체제가 공존했다. 혈연 통치 체제는 거주지와 무관하게 자신을 혈통의 최고 책임자라고 생각하는 신하를 통치하고, 영토 통치 체제는 인종과 상관없이 일정 토지를 점유하는 모든 신하를 통치하는 것이다.

이 같은 통치 방식은 도시국가 떼오띠우아깐(Teotihuacán) 시대에 이르러 '수유아니스모(zuyuanismo)'라는 새로운 통치 체제로 발전했다. '수유아니스모'는 출신이 다른 다양한 민족을 떼오띠우아깐에 끌어 모아 직능에 따라서 집단을 형성하고 집중화를 이루는 통치 방식이다. 이런 다민족 사회를 효과적으로 다스릴 수 있었던 것은 께찰꼬아뜰(Quetzalcóatl)이라는 '깃털 달린 뱀'의 형상을 국가 경영 철학으로 이용했기 때문이다.

'수유아니스모' 정책의 핵심은 각 공동체의 역사적 전통과 종교 의식, 정치사회 체제를 그대로 유지하면서 각자의 방식으로 '깃털 달린 뱀'을 숭상하도록 유도하는 것이다. 그러나 아이러니하게도 다민족 사회를 표방한 '수유아니스모'에서도 민족 문제가 또다시 정복의 명분이 된다. 결국 헤게모니 장악을 위한 동맹이 현실화되어 삼각동맹이 결성된다. 주변 지역의 정세가 불안정해지고 반발 세력이 등장하게 되며, 반체제 원주민은 유럽 침략자 편에 가세해 메소아메리카의 붕괴를 촉발하는 결정적인 원인이 된다.

이 책의 결론에 해당하는 「그만하면 되었다」에서 로뻬스 아우스띤은 타 문화에 대한 편견과 편협성을 인식할 필요가 있다고 생각해 50여 년 전부터 연구를 시작했다고 밝힌다. 그는 메소아메리카 문화가 다채로운 조각들로 이루어진 일종의 모자이크임을 인정하고 타 문화의 다양성을 인정해야 한다고 말한다. 그런 의미에서 현재 가난으로 고통받는 멕시코 원주민의 상황에 가슴 아파하며 여전히 식민주의적 사고에 함몰되어 있는 멕시코인의 비뚤어진 의식을 비판한다. 로뻬스 아우스띤은 원주민의 정체성과 생존권을 인정해야 한다고 언급하면서 그들의 미래를 응원한다.

> 원주민은 자기 운명의 주인이 될 자격이 있고 자신의 의지에 따라, 자신의 꿈에 기반해 자신의 미래를 건설할 자격이 있다.

이 책은 메소아메리카의 역사, 문화, 신화를 포괄하는 전통뿐만 아니라 각 장에서 다루는 다양한 테마에 관한 로뻬스 아우스띤의 예리하고 독창적인 관점과 분석, 이를 종합하는 능력, 분석과 종합한 바를 전달하는 기술, 그 기술이 제공하는 정보에서 타의 추종을 불허한다. 특히 책에 수록된 역사와 문화에 관련된 수많은 사진, 그림, 도해, 문양, 사료 및 본문에 관한 주석과 해설 등은 이 책의 가치와 의미를 충분히 증명하고도 남는다. 한국에 최초로 소개되는 메소아메리카 전통의 '꼬스모비시온'의 결정판이라고 할 수 있는 이 책이 제공하는 지식과 방법론은 다른 학문 분야에도 직간접적으로 폭넓게 적용할 수 있기 때문에 한국에서 메소아메리카학을 공부하는 학자들뿐만 아니라 사회, 문화, 종교, 예술, 역사, 철학, 인류학 등을 다양하게 탐색하는 학자, 연구자, 독자에게도 필독서로서 손색이 없다고 생각한다.

앞서 언급했듯 원서 *La cosmovisión de la tradición mesoamericana*(전 3권)에는 수많은 주석, 해설, 이미지가 실려 있는데, 번역자들은 본문을 이해하는 데 반드시 필요한 것만 취사선택하고, 또 원서에는 실려 있지 않지만 한국의 독자들이 본문을 이해하는 데 필요하다고 생각되는 용어 등에 주석과 해설을 달았다. 그러나 책의 성격상 원주와 역주를 구분하지는 않았다.

이 책에서 다루는 내용이 워낙 낯설고 난해해 번역하는 과정은 그야말로 고뇌와 과로의 연속이었다. 각종 문헌을 참조하고, 인터넷의 바다를 항해하면서 원서의 의미를 한국어로 정확하게 옮기려 했으나 많은 부분에서 부족한 점이 있을 것이다. 메소아메리카

고유의 시대적·공간적 상황과 맥락을 충분히 반영하는 번역어를 찾는 것도 난해한 작업이었는데, 적확한 번역어를 찾아내지 못한 경우에는, 내용을 이해하는 데 적합하다고 판단되는 용어를 적용했다. 또한 메소아메리카 특유의 문화 용어의 발음을 한글로 표기하는 것 또한 쉽지 않은 일이었다. 거의 대부분은 원어의 발음을 충실히 반영하려고 했지만, 메소아메리카를 구성하는 언어·문화가 워낙 다양하기 때문에 음가(音價)가 완벽하게 통일되어 있지 않은 것, 세월이 흐르면서 음가가 변화된 깃, 또 고대 사료가 각기 다른 시대에 각기 다른 역사가 또는 작가와 번역가에 의해 에스파냐어로 옮겨지는 과정에서 다양하게 첨삭되거나 각색됨으로써 원래의 음가를 파악하기 어려운 것이 있기 때문에, 우리는 나름의 음역 원칙을 정해 표기했다.

현재까지 한국에 소개된 메소아메리카의 역사와 전통, '꼬스모비시온'은 간헐적이고, 피상적이고, 파편적이었다. 이 책이 지닌 의미와 가치가 번역의 회로를 통과하면서 다소간 훼손되었을 수도 있으나, 메소아메리카 전통의 '꼬스모비시온'에 관한 깊고 넓은 전문 지식을 한국에 '총체적'으로 소개할 기회를 갖게 된 것만으로도 의미가 있다고 생각하며 일독을 권한다.

조구호

차례

제1장
분류와 주기

1. 우리 현실의 제약 요소

호르헤 루이스 보르헤스(Jorge Luis Borges)는 단편소설 『기억의 천재 푸네스(Funes el memorioso)』에서 이레네오 푸네스(Ireneo Funes)의 이야기를 들려준다. 그는 19살 때 망아지에서 떨어졌는데, 그 충격으로 몸이 마비되고, 영구적인 기억력을 갖게 되어 자신이 겪은 일의 세세한 사항까지 모두 기억했다. 이런 상태가 되자 그는 일반적인 개념을 만들어내는 능력이 몹시 감소되어 생각할 기회가 줄어들었다. 그에 관해 보르헤스가 우리에게 얘기한다.

그는 '개'라는 포괄적인 상징이 다양한 크기와 형상을 지닌 수많은 상이한 개별 개를 망라한다는 사실을 이해하기가 힘들었을 뿐만 아니라 3시 14분의(측면에서 본) 개와 3시 15분의(정면에서 본) 개가 똑같은 이름을 갖는다는 사실이 난감했다. …… 그럼에도 나는 그가 사고를 할 수 있는

박스 1-1 이원성을 표현한 인물상

후(後)고전기 후기(Posclásico Tardío)의 초록색 돌로 만든 작은 인물상으로, 이원성을 표현한 것이다. 몸의 반쪽은 비의 신에 해당한다. 다른 반쪽은 살이 붙어 있는데, 이 부분은 비의 신에 보완작용을 하는, 따뜻하고 마른 부분에 해당한다. 이 상은 8갈대(caña)날에 만들어졌는데, 멕시코-떼노츠띠뜰란(Tenochititlan)의 대신전 확장과 관련이 있다.

능력이 썩 크지 않았을 것이라고 의심해 본다. 사고를 한다는 것은 차이들을 잊는 것이며, 일반화하고 추상화하는 것이다. 푸네스의 포화된 세계에는 거의 즉각적으로 인지되는 세부적인 것밖에 없었다.

일반화하고, 추상화하고, 차이를 묵살하는 능력 덕분에 우리는 유추를 활용하면서 세상과 맞설 수 있고, 그럼으로써 아마도 유별나게 이른 어느 시기부터 우리의 현실을 실행 가능한 차원으로 축소한다.

이른 시기에 만들어진 이 같은 능력은 우리에게 분류학, 즉 분류하는 기술을 가르쳐주는데, 이는 그 능력이 우리에게 경험을 종류별로 분류할 수 있도록 해주기 때문이다. 이런 것이 바로 경험의 집합체이며, 기준 사이에 공통적인 특성이 있다는 점을 고려하면,

우리는 유사한 기준을 그 경험의 요소에 (적어도 가정적으로는) 적용할 수 있다.

만약 우리가 개별적으로 우리를 둘러싸고 있는 존재들의 표상을 다루어야 한다면, 가장 긴급하고 절박한 필요를 해결하는 데 한평생도 충분치 않을 것이다. 우리가 유추를 활용하면 높은 성공 확률로 문제를 해결하고, 우리가 이 세상에 존재하는 동안 우리를 인도해 주는 규칙 모델들을 발견하게(또는 발견했다고 믿게) 해줄 것이다.

그럼에도 분류는 보편적인 방식으로 이루어지지 않는다. 각 문화는 세상을 분할하고 정리하는 자신들의 특별한 형식을 만들어 가는데, 이 형식들은 여러 꼬스모비시온[1]을 구성하는 본질적인 요소다. 각 문화의 분류학이 지닌 중요성 때문에 에밀 뒤르켐[2]과 마르셀 모스[3] 같은 저자들로 하여금 각각의 신화는 종교적인 관념의 지배를 받는 하나의 분류 형식이고, 잘 조직된 판테온(만신전)들에

---

1   이 책의 저자 로뻬스 아우스띤(López Austin)이 규정한 메소아메리카 전통의 '꼬스모비시온(cosmovisión)'은 흔히 '세계관(世界觀)'이라고 불리는 개념에 우주론(cosmology)과 우주 기원론(cosmogony)을 포함한 것이다. 한마디로 말해 '꼬스모비시온'은 '메소아메리카적 세계관'이라고 할 수 있을 것이다.

2   에밀 뒤르켐(David Émile Durkheim)은 프랑스의 사회학자다. 사회학(sociology)이라는 이름은 오귀스트 콩트(Auguste Comte)가 만들었지만 '사회학'의 연구 대상과 방법론을 제대로 제시한 이는 에밀 뒤르켐이 사실상 최초다. 그가 통계를 적극적으로 사용하는 현대사회학의 방법론적 기조를 창시했다고 보아도 과언이 아니다.

3   마르셀 모스(Marcel Mauss)는 프랑스의 사회학자로, 민족학적 방법을 엄밀하게 발전시켰다. 그는 표상과 실천, 관념과 행위 등의 개념을 구분하고 이를 구체적인 민족지학적 자료와 연계해서 설명하고자 했다.

서는 신들이 각 자연의 배역을 맡는다고 확언하게 되었다. 물론 모리스 고들리에[4]는 분류가 생각의 세 가지 기능, 즉 인간이 인간 끼리, 그리고 자연과 더불어 맺은 관계들을 표현하고, 조직화하고, 정당한 것으로 만드는 기능을 실행·조합하기 위한 이상적인 토대를 이룬다고 주장한다.

2. 다양한 분류 체계

여러 분류를 단순하게 정의해 보자면 세 가지 종류로 나눌 수 있는데, 이는 분류들에 관한 이해의 차이에서 비롯된 것이다. 첫 번째로, 구성 요소가 적은 어느 집단을 단순하게 분류할 수 있을 것이다. 분류의 종류가 아주 다양하기 때문에 일상생활의 모든 영역에서 흔하게, 심지어는 정말로 평범한 목적을 위해 실용적으로 사용된다. 다양한 예시 가운데 우리는 기하학적 도형의 분류, 또는 구두 가게에서 판매 중인 구두 모델들의 분류를 언급할 수 있다.

두 번째 집단은 규모가 큰 하위집단들로 이루어져 있는데, 특정 자연계를 예로 들 수 있다. 이 경우에는 재분할하는 것이 좋다. 그 이유는 우리가 기나긴 세월이 흐르는 동안 각 문화권에서 만들어

---

4 모리스 고들리에(Maurice Godelier)는 프랑스의 인류학자다. 그는 인류학이 다양한 수준의 사회를 연구함으로써 차이뿐만 아니라 공통성을 깨우쳐주며 삶의 조건에 따른 새로운 연구 영역을 개발한다고 주장한다.

지는 전통적인 대(大)분류들(그 분류들 안에서는 어느 거대한 시스템에 필요한 창의성이 제대로 존재하지 않는다), 그리고 이런 대분류에서 파생되어 반사적(재귀적)인 방식으로 형성되는 분류들을 가질 수 있게 되기 때문이다. 반사적인 방식의 분류들 가운데는 과학적인 것들이 있다.

전통적인 분류에 관한 예로서 우리는 식물학적 분류와 동물학적 분류를 들 수 있을 것이다. 어느 꼬스모비시온의 창조자-사용자들은 자신들이 접촉하게 되는 존재들을 위와 같이 분류해 정리하고 명명하기 위해 자신들의 일상적인 경험에 조금씩 의존하면서 관련 집단들을 만드는데, 그 집단들은 '분류군(分類群)'이나 '하위 분류군'이라는 이름으로 기능한다.

이는 고대 멕시코 중부의 나우아(Nahua)족이 만든 분류의 경우다. 19세기에 프란시스꼬 델 빠소 이 뜨론꼬소(Francisco del Paso y Troncoso)는 식물의 나우아뜰[5] 이름을 수록한 긴 목록을 만들어 문헌학적으로 분석했다. 그 결과 일부 구성 요소가 속(屬)의 역할을 하는 반면에 어떤 구성 요소는 하나의 하위(小) 분류 수준을 구성하는 속성들과 관계가 있다는 사실을 발견했다.

실제로 델 빠소의 분석에 따르면, 단어 xócotl은 새콤달콤한 과일을 지칭하는데, 이 단어와 더불어 texócotl[떼호꼬떼(tejocote): 돌 과일], xalxo-cotl[구아야바(guayaba), 조약돌 과일], mazaxócotl 또는 atoyaxócotl[호보(jobo): 사슴 과일 또는 강의 과일] 같은 단어가 만들어진다. 반면

---

5   나우아뜰(Náhuatl)은 중앙아메리카의 나우아(Nahua)족이 사용하는 토착 언어다.

에 tzápotl은 어떤 달콤한 과일을 지칭하는데, tezontzáputl[마메이 (mamey): 표면이 까칠한 사뽀떼], cuauhtzápotl[치리모야(chirimoya): 숲의 사 뽀떼] 등이다.

반사적인 형식으로 만들어진 어느 체계에 기반을 둔 어떤 분야 전체를 포괄하려는 분류에 관해 언급하자면, 가장 좋은 예는 카를 폰 린네가 만든 것이다. 이 과학자는 그 체계를 활용해 1735년에 명저 『자연의 체계(Systema naturae)』를 출간함으로써 이명법[6]이라 부르는 근대 분류학을 시작했다.

마지막으로, 어떤 분류는 전체론적이어서 우주 전체를 포괄하 려 한다. 이는 가장 큰 추상화의 산물로서 우주의 전체적인 질서 와 변화 과정, 그리고 우주를 지배하는 법칙을 이해하려는 시도다. 가장 중요한 예는 중국 전통 분류 개념에서 탄생한 기념비적인 '음 양' 체계다. 반사적이고 체계적인 분류 작업에 대한 첫 번째 기록 은 기원전 12세기로 거슬러 올라간다. 이 기록을 기반으로 주(周) 왕조 시대에 『역경(易經, 주역)』이라 불리는 중요한 작품이 완성된 다.[7] 이 작품에는 상반되는 요소의 대립으로 인한 변화에 지배되

---

6   이명법(二名法)은 생물군의 분류 기준을 종(種)으로 하고, 라틴어로 종의 속명 (屬名)·종명(種名)을 차례로 표기해 나타내는 학명표시법이다. 스웨덴의 식물 학자 카를 폰 린네(Carl von Linné)가 창시한 것으로, 현재 동물과 식물의 '학 명 명명 규약'으로 채택해 사용하고 있다. 예를 들면, '사람(현대인)'은 '호모 사 피엔스(Homo sapiens)', '소나무'는 '피누스 덴시플로라(Pinus densiflora)', '집쥐(시궁쥐)'는 '라투스 노르베기쿠스(Rattus norvegicus)', '황색포도상구균' 은 '스타필로코커스 아우레우스(Staphylococcus aureus)'와 같이 나타낸다.

7   그 어떤 전체론적인 분류도 항구적 변화라고 이해되는, 보편적인 진실에 대한

는 우주의 개념이 들어 있다. 『역경』에서는 변화(易)를 실존하는 유일한 현실로 간주한다. 음양 체계는 도교에 의해, 특히 기원전 6세기에서 4세기 사이에 이미 존재했을 가능성이 있고, 『도덕경(道德經)』의 저자로 간주되는 사상가 노자(老子)의 개입을 통해 철학적으로 정립되었다.

3. 세계 이원론의 가능성

1909년에 ≪철학지(Revue Philosophique)≫에 실린 짧은 논문 한 편이 이항대립에 관한 주제를 가지고 광범위하게 인류학적·철학적 영역을 개척했다.[8] 논자는 제1차 세계대전 중에 마르세빌(Marchéville) 전투에서 젊은 나이에 전사한 프랑스 학자였다.[9] 그는 에밀 뒤르켐과 마르셀 모스의 지도하에 종교사회학 연구를 시작했다. 앞서 언급한 논문의 제목은 「오른손의 우위성: 종교적 극성 연구(The Pre-Eminence of the Right Hand: a Study in Religious Polarity)」[10]인데,

---

설명의 바탕이 된 상보적 대립 원리 기반의 '음양' 시스템 분류를 능가하지 못한다. 이 분류는 아주 오랜 옛날에 만들어진 것이다. 하지만 기념비적인『역경』의 기원이 된 초기 기록은 기원전 1200년경에 쓰인 것으로 추정된다.

8 다양한 문화적 전통에는 중요한 대립항이 있는데, 이들은 다른 존재를 분류하는 데 기본이 된다. 이런 대립항 중에서 중국 전통의 '음양', 이슬람 전통의 '우좌', 고대 이집트 전통의 '천지', 갈리시아 전통의 '수컷/암컷', 유럽 연금술의 '정신(espíritu)/영혼(alma)', 중세 페르시아의 '강함/유함'을 인용할 수 있다.

9 프랑스의 종교사회학자, 인류학자인 로베르 헤르츠(Robert Hertz)를 가리킨다.

이는 그의 다른 논문인 「죽음의 집단적 표현 연구에 대한 기고문 (Contribution to the Study of the Collective Representation of Death)」과 더불어 뛰어난 것으로, 나중에 함께 출간되었다. 두 논문 가운데 첫 번째 것에서 로베르 헤르츠는 세계의 이원적 분할에 관한 문제를 다루었다. 이원적 분할은 다양한 사회에 존재하는 것으로서, 그 개념 안에서는 각 항목을 구성하는 요소가 상응하는 요소와 이항 형식으로 대립한다. 세계를 이해하는 그런 방식은 전문가들의 호기심을 자극했다. 그들은 보편적이거나 거의 보편적인 어떤 체계가 있을 것이라고 생각했는데, 그중 첫 번째 가정 가운데 대립을 기반으로 한 정신적인 구조물이 인간의 사고에 내재하는지, 아니면 문화적인 이유에서 비롯되는 것인지에 관한 의문이 대두했다.

그 체계가 보편성을 갖는지 갖지 않는지와는 별개로, 일부 문화에서 이런 분할이 특히나 강조된다는 사실을 고려하는 것이 좋다. 그런 문화 가운데는 필시 안데스 문화와 메소아메리카 문화가 있다. 비록 체계에서 대립항의 일치가 이루어진다고 해도 예외적인 것들 역시 부각된다는 사실도 인식할 필요가 있다. 예외적인 경우

---

10 우리의 두 손이 지닌 유사성은 참으로 완벽하다! 그런데 그럼에도 불구하고, 짜증날 정도로 불균등하다! 가장 알랑거리는 견해는 오른손에게 명예이며, 특권이다. 오른손은 활동하고 조정하고, 집는다. 반대로 왼손은 비천한 보조 역할을 하는 것으로 경시되고 축소되는데, 스스로는 아무것도 하지 못한 채, 도와주고, 보좌하고, 복종할 뿐이다. 오른손은 모든 특권층의 상징이고 모델인 반면에 왼손은 모든 평민의 모델이다. 하지만 오른손이 고귀한 이유는 무엇인가? 그리고 왼손의 예속 상태는 어디에서 비롯되는가?(Robert Hertz, *Death and the Right Hand*).

를 들어보자면 땅/하늘의 대립항에서 남성성은 세계의 윗부분에 위치하는 반면에 아랫부분은 여성적인 것에 할당되어 있다. 하지만 이집트의 사상에서는 그렇지 않은데, 땅에서는 게브(Geb) 신의 존재를 보았던 반면 하늘은 게브의 여동생이자 배우자인 누트(Nut) 여신이 점유한다.

4. 메소아메리카 전통의 이원론적 분할

『메소아메리카 전통의 꼬스모비시온 '우주와 신성'』 제5장에 기술되었듯이 메소아메리카의 전통에서는 세상 만물이 물질의 두 가지 성질로 구성되어 있는데, 한 부분은 차갑고, 습하고, 어둡고, 약하고, 열등하고, 수기(水氣)가 많고, 야성적(夜性的)이고, 여성적인데 반해 다른 부분은 덥고, 건조하고, 빛나고, 강하고, 우등하고, 화기(火氣)가 많고, 주성적(晝性的)이고 남성적이다. 배우자 같은, 최고신의 이원성에 관한 연구는 지난 세기 전반부에 아주 중요했는데, 그 이유는 에두아르드 게오르그 셀러(Eduard Georg Seler), 마이클 스펜스(Michael Spence), 마누엘 가미오(Manuel Gamio), 앙헬 마리아 가리바이 낀따나(Ángel María Garibay Kintana), 알폰소 까소 안드라데(Alfonso Caso Andrade), 조지 클랩 베일런트(George Clapp Vaillant), 니오베 톰슨(Niobe Thompson), 자끄 수스뗄(Jacques Soustelle), 미겔 레온-뽀르띠야(Miguel León-Portilla) 같은 메소아메리카 전통을 연구한 학자들의 관심을 불러일으켰기 때문이다. 이들 학자 가운데 일부는 앞서 열거한 속성을 지닌 신성의 개념이 세계에 관한 일반적인 분류법과 관계가 있다는 사실을 인식하게 만들었다. 그렇다 하더라도, 메소아메리카 전통에서 이 일반적인 분류법에 관한 세세한 연구가 민족지학 분야에서 시작되었는데, 특히 1960년대에 멕시코 분지(Valle de México) 남부의 나우아족에 관한 클라우디아 매드슨(Claudia Madsen)과 윌리엄 매드슨(William Madsen)의 연구와 더불어 이루어졌다. 몇 년 뒤, 음식 분야에서 '차가운 것/뜨거운 것'의 대립항이나 질병과 약품의 분류가, 사람의 네 가지 기질에 관한 의학 체계의 유럽적인 관념의 변형이었다는 사실을 확인한 저명 인류학자 조지 포스터[11]에 의해 흥미로운 논쟁 하나가 촉발되었다. 조지 포스터가 확인한 사실이 지닌 신뢰성과 권위에도 불구하고, 윌리엄 매드슨이 밝혀낸 상호 보완적이고 대립적인 체계의 보편성과 고대사 분야뿐만 아니라 메소아메리카 원주민의 민족지학 분야에서도 이루어진 후속 연구는, 위에서 언급한 음식 분야에서 '차가운 것/뜨거운 것'의 대립항이 유럽의 시스템을 제대로 이해하지 못했기 때문이라기보다는, 유럽인들이 아메리카에 도착하기 수 세기 전의 훨씬 더 광범위하고 자율적인 다른 문화적 측면에 속해 있었다는 것을 보여주었다.[12]

---

11 조지 포스터(George McClelland Foster)는 미국의 인류학자로 농민 사회에 기여한 것으로 유명하며, 의료인류학의 창시자 중 한 명으로 알려져 있다.

12 히포크라테스학파의 사체액설(四體液說)은 수많은 질병의 원인이 인간의 몸속에 있는 네 가지 체액의 불균형 때문이라는 견해를 제기했다. 각각의 체액은 과도하거나 부족할 수 있는데, 두 경우 다 장기에 해를 끼칠 수 있다. 페르가몬의

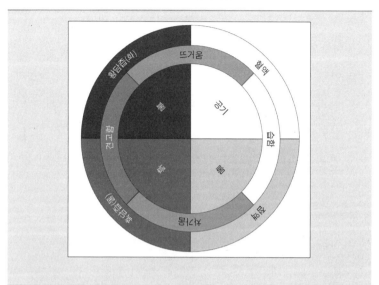

요소	체액	장기	계절	특성
공기	혈액	심장	봄	다혈질
불	황담즙 또는 화(火)	간, 담낭	여름	담즙질(분노)
흙	흑담즙 또는 울(鬱)	비장	가을	우울질
물	점액	뇌, 폐	겨울	점액질(냉정)

클라우디오스 갈레노스(Claudios Galenos)는 이 이론을 취해 확립했는데, 그의 원리는 여러 세기 동안 받아들여지지 않았다. 조지 포스터에 따르면, 아메리카 에 도입된 이 이론은 원주민에게 제대로 이해되지 않고 단순화되었는데, 그들은 그 이론을 '뜨거운 것과 차가운 것'의 원리가 작용한 것으로 축소시켰다. 그럼에 도 불구하고, 그 후, 고대 의학뿐만 아니라 현재 아메리카 원주민의 의학적인 실 습을 통해 이루어진 연구는 '차가운 것/뜨거운 것'의 대립항이 훨씬 더 광범위 한 복합체를 이룬다는 사실을 증명했다. 이 복합체는 의학과 영양학(섭생) 분야 에서 더 많이 밝혀졌고, 아메리카 대륙 고대 문명의 이항대립 원리의 기원이 되 었다.

상호 보완적이고 대립적인 것의 개념은 메소아메리카 영토에서 대단히 중요한 지역적 특성을 지닌다. 예를 들어 낀따나 로(Quintana Roo) 지방의 마야인은 인간이 대립적인 특성을 운명처럼 갖고, 또 이로 인해 인간이 특별한 힘과 능력을 담당하게 된다고 생각한다. 그렇게 해서 일부는 뜨거운 임무(chocó cuch)를 맡는 운명을 갖게 되는 반면에 어떤 사람은 임무가 차갑다(zuz y cuch). 여기서 차가운 것/뜨거운 것이라는 명명은 인간의 성질을 가리키는 것이지 몸의 온도를 가리키지 않는다.

유까딴반도의 마야 언어에서 접두어 'ah'는 남성적이지만 우등한 가치를 지니는 반면 접두어 'ix'는 여성적이고 열등한 가치를 지니는데, 그래서 지휘권을 가진 중요한 여성에게는 남성형 접두어를 붙여 부를 수 있다. 차가운 것/뜨거운 것의 경우처럼 명명은 한 사람의 특성이 아니라 그 사람의 사회적 지위를 가리킨다. 시나깐딴(Zinacantán) 원주민 사이에서는 b'ankilal(형)/its'nal(동생)이라는 대립항의 구성 요소가 공동체 조직의 원칙으로서 우위를 차지한다. 이에 관해 에본 보그트(Evon Z. Vogt)는 다음과 같이 기록한다.

1월에 산 세바스띠안(San Sebastián)에서 이루어지는 의식에는 산, 동굴, 십자가의 길, 사제, 의사(h'iloletik), 성인, 폭죽, 북 그리고 심지어는 재규어를 상징하는 남자 둘이 있는데, 이들은 형(b'ankilal) 또는 동생(its'nal)이다. 아마도, 성탄절에 주 신전에서 이루어지는 의식의 예수 탄생 장면에서 우리가 다음과 같은 장면을 마주할 때 의식의 가장 놀라운 형태가 드러날 것인데, 거기에는 요셉과 마리아가 있고, 아기 예수는 하나가 아

니라 둘이 구유에 누워 있다. 둘 가운데 하나는 형(b'ankilal)이고 나머지
는 동생(its'nal)이다.[13]

마리오 움베르또 루스[14]는 또홀라발(Tojolabal)족에게서 유사한
상황을 발견했는데, 그들은 형에게는 '영원한 아버지(Padre Eterno)'
의 성격을 부여하는 반면에 그리스도는 '동생'이라고 생각한다.
  대립항에서 하나가 우위를 점유한다는 것은, 어느 짝에서 구성
원 가운데 하나만 대표 자격으로 나타날 경우 두 번째의 존재를 추
측할 수 있다는 데 근거를 둔다. 이런 점은 에스파냐인들을 혼란
스럽게 만들었는데, 그들이 떼노츠띠뜰란의 정치 체제가 이원적
인 정부를 가진다는 사실을 쉽사리 알아차리지 못했기 때문이다.
그들은, 자신들의 경우처럼 유일한 최고 지배자는 왕이라고 가정
했다. 그래서 뜰라또아니[15]의 가치는 높이 평가했으나, 시우아꼬

---

13 에본 보그트(Evon Z. Vogt), "현대 시나깐딴 종교에 나타난 고대 마야인의
    개념들(Conceptos de los antiguos mayas en la religión zinacanteca
    contemporánea)", p.67; Evon Z. Vogt(ed.). 『시나깐딴 사람들: 치아빠스의
    알또 지역 초칠 부족(Los zinacantecos. Un pueblo tzotzil de los Altos de
    Chiapas)』(México: Instituto Nacional Ingigenista, 1996), p.94.
14 마리오 움베르또 루스(Mario Humberto Ruz)는 멕시코의 사회인류학자, 민족
    학자다.
15 뜰라또아니(tlahtoani)는 에스파냐 정복 이전 멕시코의 도시국가인 알떼뻬뜰
    (Altepetl)의 지배자를 가리키는 나우아뜰 어휘다. '말하는 자, 지배자'라는 의미
    인데, 보통 '왕'으로 의역된다. 알떼뻬뜰은 나우아 세계의 핵심적인 지배 조직으
    로, 아스떼까 제국은 사실상 여러 개의 알떼뻬뜰이 모여 이루어졌고, 알떼뻬뜰
    은 몇 개의 깔뿔리(Calpulli)로 구성되었다.

아뜰(cihuacóatl: 여성적인 신성을 지닌 남자 정치 대표자)은 거의 인식하지 못했다.

신화적 기하학은 단순히 도면들의 집합이 아니다. 우주에 관한 상상을 구성하는 데서 일상적인 경험이 구체화·질서화된다. 개요와 실천 사이에는 수천 년 동안 상호 간에 특성을 부여하고 수정하는 관계가 지속적으로 이루어졌다. 분류는 보여줄 뿐만 아니라 설명하고, 인식시키고, 인도하고, 표준을 정하고, 질서를 부여하고, 추동하고, 정당화하고, 확증하고, 금지하기노 한나.

5. 주기의 탄생과 설정

상반되는 요소의 단순한 대립이 생명체의 움직임에 관해 설명해준다. 하지만 이것은 주기에 관해 인식시키기에 충분하지 않다. 우선은 한 쌍의 두 요소가 서로 맞서는 순간에 두 요소 사이에 존재하는 불균형에 관해, 그리고 두 번째로는, 두 요소 각각의 힘의 변화에 관해 알 필요가 있다. 게리 고센[16]은 저서 『태양 세계의 차물라족: 마야 구전 전통에서 시간과 공간(Chamulas in the World of the Sun: Time and Space in a Maya Oral Tradition)』에서 초칠(tzotzil)족의 태양 신화에 관해 설명하면서 그 변화 과정을 밝힌다. 그는 태양의 남성성을 어린 아들에 대한 어머니의 권위와 비교하면서 여성적

---

16   게리 고센(Gary H. Gossen)은 미국의 인류학자다.

박스 1-3 변화 과정

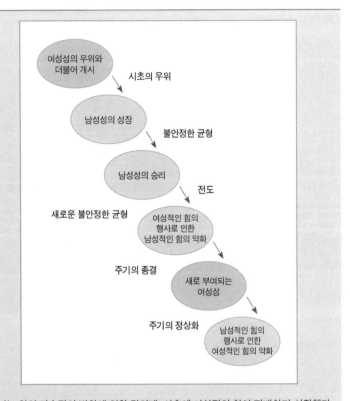

여성성의 우위와
더불어 개시   시초의 우위

남성성의 성장
              불안정한 균형

남성성의 승리
                전도

새로운 불안정한 균형   여성적인 힘의
                행사로 인한
                남성적인 힘의 약화

주기의 종결
                새로 부여되는
                여성성

주기의 정상화   남성적인 힘의
              행사로 인한
              여성적인 힘의 약화

주기는 힘의 지속적인 변화에 의한 것인데, 시초에 여성적인 힘이 지배하기 시작했다
가 남성적인 힘이 상승함으로써 힘의 우열이 바뀌면서 첫 번째 변화가 이루어진다.
행사되던 남성적인 힘이 쇠진함으로써 여성적인 힘이 시초의 위치로 돌아간다. 하지
만 일단 이런 단계를 거쳐 그 과정이 종결되면서, 변화운동이 무한정으로 지속된다.

이고 야성적인 힘이 태양의 남성성보다 우월하다고 주장한다. 아
이가 자라서 밀빠[17]를 경작할 나이가 되었을 때 그에게 또르띠야[18]

---

17 밀빠(milpa)는 메소아메리카의 친환경 작물 재배 시스템으로, 흔히 옥수수, 강

를 만들어주는 사람은 바로 어머니다. 이것이 관계를 전복하고, 태양의 지배가 확립된다. 그렇다고 해도, 고셴 역시 앞에서 언급한 저서에서 태양이 권좌에 있으면서도 어둠의 힘(악마와 유대인)에게 패배한다고 언급한다.

만약 우리가 고셴이 만든 공식의 첫 번째 부분을 다른 신화에 적용한다면 전복은 명백해진다. 예를 들어 떼오띠우아깐의 태양과 달의 탄생 신화에서 떼꾸시스떼까뜰이 초기에 지녔던 부와 명성이 나나우아친의 용기에 의해 압도당하는데, 나나우아친은 모닥불에 자신의 몸을 던짐으로써 자신의 부자 상대인 떼꾸시스떼까뜰의 우유부단과 나약함을 명백히 밝혀낸다.[19] 이런 전복은 꼬아떼뼥[20]에서 이루어진 낮의 탄생에 관한 신화에서도 나타난다. 막 태어난 우이칠로뽀츠뜰리의 호전적인 용기가 여동생 꼬욜사우끼

낭콩, 호박을 경작한다.

18 또르띠야(tortilla)는 흔히 옥수수가루, 밀가루를 이용해 만든 전병으로, 잘게 썬 고기, 채소 등 각종 식재료를 싸 먹는다. 메소아메리카의 대표적인 전통 음식이다.

19 아직 만물이 어둠 속에 있고, 태양과 새벽이 열리지 않았을 때 신들은 별(태양과 달 등)을 만들기 위해 떼오띠우아깐에 모여 회의를 했다. 이때 떼꾸시스떼까뜰(Tecuhciztécatl)이라는 오만하고 부유한 신과 나나우아친(Nanahuatzin)이라는 '종기투성이'에 더럽고 가난한 신이 나선다. 먼저 떼꾸시스떼까뜰이 불타오르는 장작더미를 향해 다가서지만 뜨거운 열과 이글이글 타오르는 불꽃에 겁을 먹고 머뭇거린다. 그는 모두 네 번이나 불 속으로 뛰어들려고 하지만 번번이 실패하고 만다. 마침내 신들은 나나우아친에게도 같은 것을 요구하게 되고, 그는 즉시 불 속으로 뛰어들어 하늘로 솟구쳐서 태양이 된다. 그러자 떼꾸시스떼까뜰이 불 속으로 뛰어들어 달이 된다.

20 꼬아떼뼥(Coatépec)은 아스떼까 신화에 등장하는 '신령한 뱀의 산'으로, 태양신, 전쟁의 신 우이칠로뽀츠뜰리(Huitzilopochtli)가 태어난 곳이다.

의 강력한 군대에 승리를 거두었을 때 전복이 일어난다.[21]

하지만, 두 번째 과정은? 논리가 다르다. 즉, 권력이 권력을 행사하는 자를 약화시키고, 권력을 얻은 자는 상대방에게 항복해야 한다는 것이다. 그렇게 주기가 종료되지만, 그 추진력은 주기가 끊임없이 교대하는 과정으로 인도할 것이다.

앞서 살펴본 태양 신화들에서(고센의 초칠족 신화를 포함해) 개시(開始)는, 논리적으로 여성적인 힘에 위치하는데, 이는 세상 만물에 적용되는 부득이한 원칙이다. 이런 주장은 자연스럽다. 그렇다고 해도, 나중에 남성적인 힘을 이기는 힘이 여성적인 힘이라는 예를 우리가 가지고 있는가? 고센은 악마와 유대인에 관해 언급함으로써 그렇다고 말한다. 회화에서 보자면, 유명한 까까스뜰라의 벽화[22]를 통해 그런 해석을 할 수 있다. 까까스뜰라 벽화에서 비의

---

21 꼬아떼삑 신화에서는 여성적인 힘과 밤의 힘이 세상을 지배한다. 달의 여신 꼬욜사우끼(Coyolxauqui)와 그녀의 남매인 별의 신 400명은 하늘의 주인으로 나타난다. 남성적인 힘이 태동하면 태양신인 우이칠로뽀츠뜰리는 보호를 받지 못하게 된다. 하지만 전투에서 발휘되는 그의 용기가 변화를 유발해 첫 번째 주기의 과정이 시작된다. 우이칠로뽀츠뜰리는 꼬욜사우끼의 사지를 자른 후 심장을 꿰뚫고, 시신을 발로 차 산 아래로 굴려버렸다는데, 훗날 아스떼까 제국에서는 인신공희 의식을 통해 이것을 재현한다. 그리고 어머니에 대한 복수(혹은 오해)로 누이인 꼬욜사우끼를 죽인 뒤, 어머니를 살해하려 몰려오는 400여 명의 형제 또한 죽여버렸다고 한다. 이때, 하늘로 던진 누이의 머리가 달이 되었기 때문에 그의 어머니는 매일 밤 하늘을 보면서 위로를 받았으며, 다른 400여 명의 형제 또한 하늘로 던져져 모두 별이 되었다고 한다. 떼노츠띠뜰란의 대신전(Templo Mayor)에는 우이칠로뽀츠뜰리에게 패해 목과 손발이 잘린 꼬욜사우끼의 선돌이 있다.

22 까까스뜰라(Cacaxtla)는 멕시코 뜰라스깔라(Tlaxcala)주의 남쪽 경계에 위치한 고고학 유적지다. 서기 650년에서 1000년 사이에 전성기를 누렸다. 그곳의 궁

전사들과 하늘의 전사들은 건물 A의 앞면과 문설주들에 공히 중요하게 표현되어 있는데, 재규어 차림을 한 비를 상징하는 두 등장인물과 새 차림을 하고 하늘을 상징하는 두 등장인물이 동일하게 다루어져 있다. 그럼에도 불구하고, 더 아래 "전투 벽화"에서는 대면한 두 부대가 전투의 결말에 이른다. 재규어 차림을 한 비의 전사들이 새 차림을 한 하늘의 전사들에게 압도적인 승리를 거두는데, 패배한 전사들은 항복하거나 부상당하거나 죽는다.

6. 낮과 밤

가장 인상적인 주기[원형적(原型的) 주기라고 간주될 수 있다]는 세상의 기원이 된 주기다. 매일 태양이 태어나, 창공을 가로지르고, 서쪽에 도착하고, 쇠퇴기(일몰기)에 죽어서 지하 세계에 머물렀다가 동쪽으로 다시 나오는 것이 무한히 계속된다. 매 쇠퇴기는 신이 자신을 희생해 태양이 되는 처음으로 되돌아간다. 멕시코 중부의 옛 나우아족은 태양이 천장에 도달하면 쇠퇴하기 시작해, 첫 번째 출산을 하다가 죽은 여성들에 이끌려 붉은 숲에서 죽음에 이른다고

전에는 마야 스타일로 그려진 생생한 색채의 벽화가 있다. '전투 벽화(Mural de la batalla)'는 서기 700년 이전 것으로 추정되는데, 전설 속의 재규어 무리와 독수리 무리의 피비린내 나는 전투 장면을 표현한 것이다. 창, 돌칼, 둥근 방패로 무장한 것들이 재규어 전사고, 그 밑에 깔려 거의 벌거벗은 채 팔, 다리, 목 등이 잘려나가는 것들이 독수리 전사다.

생각했다. 마야인은 태양이 재규어로 변해 밤에 거대한 악어를 타고 돌아다닌다는 그럴듯한 이야기와 더불어 태양의 탄생과 죽음의 과정을 이해했다. 태양이 변한 재규어의 얼굴은 고양이의 특징이 있고, 재규어처럼 커다란 귀가 있으며 코 위에 '말리날리'[23] 무늬가 있는데, 이는 재규어가 나선형 경로를 따라 우주의 하부로 갔다는 사실을 가리키는 것이 될 수 있다.

낮과 밤이 단순하게 연속되는 것도 메소아메리카 전통에서는 심오한 의미를 지니는데, 그 연속이 하늘의 공간적·시간적 변화를 포함하고, 그 결과로서 지표면에 확장된 낮과 밤의 공간적·시간적 변화까지 포함하기 때문이다. 하늘이 승리의 표현인 데 반해 지하 세계는 대립적인 두 힘의 지속적인 투쟁에서 패배를 의미한다. 태양이 자신의 지배력을 상실하면 지하 세계를 점유하는 밤의 특성들이 '말리날리' 띠를 통해 올라가 높은 곳에서 에꾸메노[24]를 덮는

---

23 하늘, 땅, 지하 세계를 질서정연하게 연결하는 신성한 길들을 상징하는 형상들 가운데 나우아뜰로 '말리날리(mallinalli)'라 불리는 것이 가장 중요하다. 가장 흔한 말리날리의 형상은 상보적이고 대립적인 띠 두 개가 조합된 것으로, 하나는 올라가고 다른 것은 내려가는데, 이들 띠가 나선형으로 도는 것은 이들이 각기 다른 우주의 층을 돌아다닌다는 것을 의미한다.

24 존재하는 것의 총체를 우주(cosmos)라고 이해할 수 있다. 메소아메리카 전통은 우주를 두 개의 구역으로 분류해 왔다. 각각의 구역에서 시간과 공간의 성질과 크기가 다를 것이다. 세계는 피조물의 시간·공간인데, 이 '세계'라는 차원에서 직접적인 지식이 다양한 감각을 통해 획득된다. 그리스어의 '오이코스(oikos: 집)'라는 말에 의존하자면, 세계를 '에꾸메노(ecúmeno)'라고 명명할 수 있다. 이 용어에 반대를 의미하는 접두사 'an'을 붙이면, 그 다른 시간·공간(인간의 지각력 너머에 있는 것)은 '안에꾸메노(anecúmeno)'라고 명명할 수 있을 것이다.

치아빠스(Chiapas), 빨렌께(Palenque)의 휴대용 향로와 태양 신전의 벽에 새겨진 방패가 보여주는 바와 같이 마야의 지하 세계에 있는 밤의 태양이 재규어로 변한다.
태양은 낮의 주인으로서 직무를 끝낸 뒤, 우주의 밑바닥을 돌아다니던 밤의 태양이 그렇듯, 기력이 다해 죽어서 재규어로 변한다. 시카고미술협회에 소장된 다섯 개 태양의 돌(돌 사진) 아랫부분은 말리날리의 대립적이고 상보적인 두 개의 띠가 낮의 힘과 밤의 힘을 운반하기 위해 어떻게 지하 세계에 도달하는지 보여준다.

다. 이는 야만 상태 이전의 위험스러운 과거를 향해, 아직 태양의 질서가 부과된 적이 없는 시간을 향해 어둠과 더불어 진행되는 창조의 과정과 유사하다. 각종 위험이 실존하는데, 그 이유는 유령들이 더러운 곳, 대변을 보는 곳, 그리고 쓰레기장에 우글거리기 때문이다. 밤에는 역한 바람이 땅속에서 흘러나와 밤에 돌아다니는 사람을 공격하고, 부당하게도 그 사람의 친척까지 공격한다. 경계

박스 1-5 독수리 전사와 재규어 전사

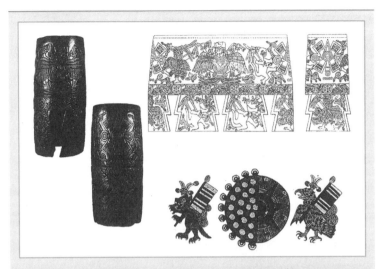

낮과 밤이 교대로 희생됨으로써, 전투에서 체포되어 희생당한 독수리 전사와 재규어 전사의 운명을 결정한다. 독수리뿐만 아니라 재규어도 희생의 상징물이 되는데, 이는 종이 띠와 깃발로 형상화된다. 독수리 전사와 재규어 전사는 격전가를 부르고, 재규어는 자신의 운명에 슬피 운다.

자료: 「Huéhuetl de Malinalco」; 부르봉 고문서(Códice Borbónico), lám.11.

적이고, 신격화된 장소들(그렇기 때문에 안에꾸메노와 거의 차이가 없는)이 활성화되고, 그 장소들의 빛 아래서 부동 상태로 잠복해 있는 존재가 삶을 얻어 춤을 추고 노래를 부르고 악기를 연주하면서 삶을 얻은 것을 축하한다. 태양이 일시적으로 자신의 지휘권을 잃게 되면, 밖으로 나오기 위해 태양의 부재를 이용하는 흉포한 존재들을 통제할 수 없게 된다. 오늘날 멕시코만 지역의 각기 다른 부족은 그런 흉포한 존재들이 껍질에서 나오지 못하게 하려고 별들이 희미한 빛을 내뿜으면서 태양의 보안관이나 경찰처럼 행세하고, 그 반항적인 존재들에게 새롭게 규율을 부여하기 위해 하늘에서 그들에게 화살을 쏘면서 자신들의 임무를 완수한다고 확신한다. 이런 의미에서 밤은 일상적으로 이루어지는 일종의 이중 반전(反轉)이다. 즉, 공간의 위와 아래가 바뀌는 반전이고, 시간이 무질서의 초기 상태로 근접하는 반전이다.

일상적으로 이루어지는 이 과정의 경로들이 바로 '말리날리'의 띠인데, 이 띠를 통해 야성적인 것이 상승하고 삶의 질서가 하강한다. 교대 자체는 '말리날리'에게 '물-불'의 의미론적 가치를 부여하는 전쟁처럼 이해된다. 낮과 밤은 희생의 무시무시한 과정을 반복한다. 낮과 밤은 각각 독수리와 재규어처럼 희생되는데, 그런 식으로 전투에서 사로잡혀 자신의 밧줄과 종이 깃발을 든 채 희생제의의 제단으로 보내지는 전사들의 비극적인 운명이 드러난다.

7. 주기의 원동력인 신성한 산

주기를 관장하는 기관은 '세계 축'[25]인데, 신성한 산(Monte Sagrado) 속 빈 공간에 만들어진 거대한 창고가 '세계 축'의 어느 특권적인 장소를 점유한다. 앞에서 기술한 그 투사(透寫)가 땅 끝 지점의 안에꾸

---

25 '세계 축(axis mundi)'은 '우주의 축', '세계(우주)의 중심'으로, 천국과 지구 사이를 연결한다. 4개의 방향이 만나는 하늘과 땅 사이의 연결 지점이며 세계의 시작점인 '옴팔로스'의 역할을 한다.

메노적인 네 장소에, 그리고 지구상에 만들어진 그 축의 모든 복제물에 축을 증식한다. 그래서 사람들은 자기 부족에게 많은 재산을 제공하는 신성한 산의 보호를 받는다고 느낀다.

과거에 신성한 산, 그리고 신성한 산의 안에꾸메노적이고 에꾸메노적인 투사의 이런 기능에 관해 언급되었다. 그래서 시간-신들은 하늘을 지탱하는 나무들에서 시계 반대 방향으로 차례차례 나오고, 별은 동쪽의 틈이 갈라진 통나무 끝의 벌어진 부분에서 창공으로 튀어나오고, 구름과 바람은 세상의 끝 지점 네 곳에 각각 있는 거대한 대야에 들어 있으며, 생명체들(인간을 포함해서)은 삶을 시작하기 위해 산의 창고에서 나온다고 했다. 생명체들은 삶을 마감한 뒤 동일한 신성한 구멍으로 들어가서 물이 찬 하층토(下層土)를 건너고, 그렇게 죽음의 깊은 곳으로 가는 여행을 시작할 것이다.

이런 특징은 신성한 산의 주인에게 관리자의 위대한 힘을 주고, 주인의 하인들을 재산을 축내는 탐욕스러운 집단으로 만들어버린다. 주인의 하인들이 가끔은 창고에 있는 질병 유발 물질을 무자비하게 퍼뜨리고, 또 가끔은 자신들이 모아놓은 재산에 인색한 모습을 보인다. 이들에 관해 베르나르디노 데 사아군[26]에게 정보를

26　베르나르디노 데 사아군(Bernardino de Sahagún)은 프란치스코 수도회 선교사로 16세기 누에바 에스파냐(멕시코)에 관한 다수의 저서를 남겼다. 특히 총 12권으로 이루어진 『누에바 에스빠냐 문물사(Historia general de las cosas de Nueva España)』는 메소아메리카 지역을 연구한 당대 최고의 인류학적 저서로 손꼽힌다.

제공해 준 원주민들은 다음과 같이 묘사한다.

······ 사실 현재 신들, 뜰라마까스께[27]는, 고무나무(hule)에서 나온 신들, 야우뜰리[28]에서 나온 신들, 꼬빨[29] 나무에서 나온 신들, 우리의 주인들은 주머니를 채워갔고, 께(귀중품을 채워놓은 것을 언급할 때 사용하는 디아프라시스모)[30]를 채워갔어요. 그들은 자신들을 위해 초록색 보석, 팔찌, 고운 터키석(보존된 재산을 보석처럼 언급하는데, 재산 가운데는 물이 있다)을 감추었어요. 그리고 그들은 누나 치꼬메 꼬우아뜰[31] - 옥수수 - 과 빨간 여자(Mujer Roja) - 존경스러운 고추 - 를 데려갔어요.

오늘날 이 같은 믿음은 5월 초에 부족들이 자신들의 창고인 신성한 산들을 집단으로 순례하는 의례의 기저에 숨겨져 있다. 의례에는 두 가지 주요 목적이 있다. 첫째는 재산, 아주 특별히 비의 호

---

27 뜰라마스께(tlamacazque)는 '사제'라는 의미로, 비의 신에게 붙인 이름이다.

28 야우뜰리(yahutli)는 메리골드(Marigold)를 가리키는데, '성모 마리아의 황금빛 꽃'이라는 성스러운 이름으로 불리기도 한다. 노랑·주황·진주홍색으로 화려하다. 멕시코 원산으로, 아프리카를 거쳐 유럽에 퍼졌는데, 우리나라의 농가나 교정에서 쉽게 눈에 띄는 꽃이다. 천수국(千壽菊), 금송화(金松花) 등으로도 알려져 있다.

29 꼬빨(copal)나무에서 니스의 원료가 되는 양질의 수지를 추출한다. 멕시코에서는 사원이나 가정에서 향을 피우기 위해 사용한다.

30 디프라시스모(difrasismo)는 두 개의 개별 단어가 쌍을 이루어 하나의 은유적 단위를 구성하는 현상이다. 메소아메리카의 다양한 언어에서 아주 빈번하게 사용되었다.

31 치꼬메 꼬우아뜰(Chicome Cóhuatl)은 '일곱 뱀'을 의미한다. 멕시코인들에게는 젊고 다산적인 옥수수 여신으로 알려져 있다.

의를 얻기 위한 것이다. 둘째는 농사철에 농업에 이롭거나 해로운 기상 현상이 언제 나타나는지 예측하기 위한 것이다. 이런 의례는 대개 기상 현상을 관리하는 데 전문적인 헌관(獻官)들, 즉 옛날에는 나우아뜰로 떼시우뜰라스께(Teciuhtlazque)라 불리는 사람들이 참여했는데, 떼시우뜰라스께는 문자 그대로 '우박을 쏟는 자'라는 의미다. 이들은 비의 주인들의 소명에 따라 자신들의 임무를 부여받는데, 많은 경우에 자신들의 몸에 번갯불이 떨어지는 무시무시한 지명을 받는다. 그들은 회피하기 어려운 자신들의 운명을 수용함으로써 제반 의무, 제한, 그리고 자신들의 공동체에 대한 강한 책임감을 짊어지고서 어려운 종교적인 삶을 영위한다.

8. 1년의 이원적 분할

북쪽의 경계가 북회귀선과 거의 일치하는 메소아메리카는 지리적인 위치 때문에 1년이 단 두 개의 계절, 즉 우기와 건기로 나뉜다. 작물 재배법에 근본이 되고 농사철 옥수수 재배에 아주 중요한 방식으로 작용하는 이런 특수성은 우주의 이원적 개념의 중요성을 부각시켰는데, 이 같은 개념이 더 북쪽에 위치한 지역들에서 온 수렵·채집 선조들에게 이미 존재했다는 사실은 의심할 바가 없다. 이원적인 개념은 농업과 더불어 새로운 가치를 획득했다. 1년의 주기는 이분법적 대립이 이루어지는 것으로 쉽게 표현되었는데, 이 의미론적 집합체들에 의해 물의 여성적이고 재생적인 힘과

죽음이 삶을 만든다

죽음
발아와 성장의
여성적인 힘

삶
성숙의
남성적인 힘

삶이 죽음을 만든다

11월 2일에 거행되는 죽은 자들의 축제는 그해의 절반 동안 비를 내리게 해준 죽은 자들에게 감사를 표하면서 우기의 종료를 축하하는 동시에, 삶의 태동, 즉 그해의 건기의 시작을 기념한다.	4월 3일에 거행되는 산따 끄루스 축제는 그해의 절반인 건기에 추수한 결실로 삶의 힘을 기리고, 건기의 종료를 축하하는 동시에 식물의 탄생과 성장을 가능하게 해주는 비를 청한다.

대비되는 죽음이 삶을 만들어내는 반면, 건기와 짝이 되는 삶을 죽음의 싹이라고 간주하게 되었다. 따라서 존재의 거대한 틀 안에는 대립항들 사이의 환원할 수 없는 극성(極性)이 아니라 반대되는 두 요소가 지닌 생산적인 지속성이 존재한다.

1년 중 습한 절반은 비의 혜택을 받은, 들판의 청록색으로 상징된다. 그러고서 햇빛이 과일을 익히고, 옥수수(전형적인 화본과 식물)는 노란색이 되기 위해 별의 색깔을 모방할 것이다. 이 청록색과 노란색은 메소아메리카 회화에, 그리고 세상에서 이루어지는 작용을 묘사한 텍스트에 가장 빈번하게 기록되어 있는 극성 가운데 하나를 구성하는 두 가지 색깔이다.

박스 1-7 대립적인 얼굴 형상

한쪽은 살이 없고 다른 한쪽은 살이 있는 얼굴 형상의 의미는 우기와 건기의 연속과 관련이 있는데, 이 형상은 메소아메리카 문명의 초기에 나타나 후기까지 지속된다. 왼쪽 얼굴 형상은 전고전기 중기에 멕시코주 뜰라띨꼬(Tlatilco) 지역의 것이고, 오른쪽 얼굴 형상은 고전기 후기의 오아하까(Oaxaca)주 소얄떼뻭(Soyaltepec) 지역의 것이다. 이 두 얼굴 형상은 멕시코 국립인류학박물관에 소장되어 있다.

죽음/삶에 관한 관념은 1년의 원형처럼 태고부터 농부의 작품에 구체화되었다. 그에 관한 가장 인상적인 표현들 가운데 하나는 사람의 얼굴을 세로로 나누어 한쪽은 살이 붙어 있는 모양으로, 다른 한쪽은 살을 발라낸 모양으로 표현한 것이다. 설사 표준적인 이 형태가 후(後)고전기의 후기까지 지속되었다 할지라도 그것이 유일한 것은 아니었는데, 그 이유는 남성/여성의 이중적인 특성 또한 메시까 시기에 코밀 선을 따라 수평으로 나뉜 사람의 얼굴처럼 표현되었기 때문이다. 그렇게 얼굴은 살이 붙어 있는 위쪽 반과 아래쪽 반으로 분리되어 있는데, 아랫부분은 살이 없는 턱뼈를 보여주었다. 동일한 관념이, 하지만 수 세기 전인 고전기에 떼빤띠뜰라(Tepantitla)의 떼오띠우아깐 벽화에 표현되었는데, 신성한 산의 주인의 얼굴을 불의 신의 상징인 다이아몬드 모양 눈과 비의 신의 커다란 인두(咽頭)를 가진 모습으로 그렸다.

_ 조구호 옮김

제2장
하늘에 대한 지식

1. 반사되는 영역

아이작 뉴턴(Isaac Newton)은 예외적이었지만, 인간은 자주 헤아릴 수 없이 깊은 하늘이 자신의 환경이라는 사실을 잊고 지낸다. 그리고 천체의 움직임을 지배하는 법칙이 실은 자신들의 법칙이라는 것을 부정한다. 눈앞에 펼쳐진 창공과는 관계없다고 본다. 인간은 자신들 세계의 불규칙성과 하늘의 수학적 정확성을 대비한다. 그럼에도 하늘과 땅 사이에 일치하는 점이 나타나면, 천체의 정확한 법칙을 기준으로 삼고, 지상의 규칙성은 단순히 하늘의 규칙을 반영한 것이라 여긴다. 그러므로 많은 문화권에서 이러한 하늘과 땅의 놀라운 일치를 신비로운 형식으로 표현한 것은 이상한 일이 아니다. 헤르메스 트리스메기스투스[1]의 추종자들도 에메랄

---

1   헤르메스 트리스메기스투스(Hermes Trismegistus)는 그리스 신 헤르메스와

자료: 마드리드 고문서(Códice Madrid), 도판 p.34.

드 태블릿[2]에 새겨진 두 번째 원칙을 읊었다. "가장 낮은 곳에 있는 것은 가장 높은 곳에 있는 것과 같다. 그리고 가장 높이 있는 것은 가장 낮게 있는 것과 같다." 이는 하늘과 땅을 혼동한 것이 아니라 공간 간의 상호성을 인식한 것이라 할 수 있다. 또한 법률가 수리따[3]에 따르면, 신하들이 주군에게 바치는 나우아뜰로 된 인사를 안드레스 데 올모스(Andrés de Olmos) 신부가 번역한 적이 있다. "폐

이집트 신 토트가 혼합된 존재다. 신비주의와 연금술의 시조라 여겨진다.

2 에메랄드 태블릿(Emerald Tablet) 또는 녹옥판(綠玉板)은 헤르메스 트리스메기투스의 작품으로 알려져 있으나, 정확한 기원은 확인되지 않는다. 연금술의 비밀이 적혀 있다고 하나 실물은 현존하지 않는다.

3 수리따(el licenciado Zurita)의 본명은 알론소 데 수리따(Alonso de Zurita)이며, 법률가(el licenciado)는 직업과 관련된 호칭이다. 16세기 중반에 누에바 그라나다 부왕령(콜롬비아), 누에바 에스파냐 부왕령(멕시코) 등지에서 법조인, 재판관, 역사가로 활약했다. 그의 저술들은 라틴아메리카, 특히 누에바 에스파냐의 역사, 법률, 사회를 이해하는 데 중요한 자료가 된다.

하 면전에는 거울에 비친 것 같은 하늘과 땅이 있어, 마치 그림을 보듯 거울에서 끝이 없는 것과 끝이 있는 것을 보실 수 있나이다."

그렇게 많은 유사성이 있음에도 모든 역사를 통해 지구에서 이루어진 설명을 모두 인식할 수는 없다. 예를 들면 어떤 이들은 법칙들이 존재의 특수한 본질(esencia), 즉 『역경』을 따르는 사람들이 말하듯 신(神, shen)[4]에 의해 자연적으로 발생한다고 말한다. 이로써 상부와 하부에 함께 적용되는 공통된 법칙이라는 개념이 형성되었으며, 뉴턴의 학설에 상당히 가깝다고 할 수 있다. 어떤 이들은 하늘의 탁월성을 인정하고는, 공시적(共時的)으로 동일한 법칙에 따라 소우주라는 거울에 비친 대우주를 즉시 관찰할 수 있다고 주장한다. 이는 프랙털과 같다고 할 수 있다. 반면, 또 다른 사람들은 소우주를 대우주의 불완전한 반영이라고 생각한다. 일부 사람들은 천체에서 이루어지는 행성 운동이 총체적으로 연계되어 하부 공간의 일들이 결정된다고 추정한다. 즉, 하늘의 원칙이 땅에 반영된다는 사고다. 자유의지를 말하는 정통파는 앞의 내용을 비판하고, 그것은 피할 수 없는 운명이 아니라 단순한 작용일 뿐이라고 말하면서 운명론의 가장 충실한 신봉자들을 훈계할 것이다. 하늘과 땅 사이의 일치에는 다양한 해석이 있는데, 그것을 단순한 기계적인 관계로 생각하는 사람도 많지만, 천체 또는 그곳에 거주하

---

4   도가에서는 기(氣, qi = vitalidad), 신(神, shen = mente), 정(精, jing = esencia) 등의 요소를 다루는데, 이 중 신은 서양의 전통과 같은 인격화된 신이 아니라 만물의 작용을 의미한다.

박스 2-2 연금술에서의 대우주-소우주 부합 묘사

연금술의 개념에 따르면, 대우주와 소우주는 서로 부합한다. 음악가이자 의학자, 연금술사인 요하네스 다니엘 밀리우스(Johannes Daniel Mylius)의 대표작 『의학-화학서: 바실리카 철학(Opus Medico-Chimicum: Basilica Philosophicae)』에 수록된 삽화에도 그 점이 잘 묘사되어 있다.

는 존재들이 상당한 의지로 지상 존재들의 운명에 개입한다고 믿는 사람도 다수다.

앞에서 살펴본 서로 다른 다양한 관점 중에서, 어떤 것들은 매우 배타적인 데 비해 어떤 것들은 서로를 상보적인 것으로, 아니면 적어도 공존할 수 있는 것으로 받아들인다. 그것들은 각각 실천의 장에서 자신들의 길을 확립할 것이며, 하늘에 대한 지식을 통해 그 신봉자들의 삶에 길잡이 역할을 할 것이다.

2. 타자의 천체 개념에 관한 연구

타자의 지식에 관한 관심에서든, 호기심에서든, 혹은 비교하려는 의도에서든, 아니면 과학적인 성향에서든, 사람들은 다른 지역에서 나타난 하늘에 대한 지식을 자신들의 지식 체계에 추가해 왔다. 이를테면 발흐(Balkh) 지역의 아브 마샤르[5]는 그리스, 메소포타미아, 페르시아의 점성학 지식을 흡수해 이슬람 학문과 융합을 시도했다. 이 모든 것이 그의 작품 『위대한 서론(Kitab al-madkhal al-kabir ila 'ilm ahkam an-nujjum)』[6]에 집대성되어 있다.

타자의 천문학적·점성학적 사고를 이해하기 위한 이런 모든 움직임 중에서, 엄밀한 의미로 학문적 영역이라 할 수 있는 과학적 탐구의 발생은 아주 최근의 일이다. 이는 거석 기념물 스톤헨지의 연구와 관련 있다고 단언할 수 있다. 영국 솔즈베리 북부 인근의 환상열석(cromlech)인 스톤헨지를 광범위하게 조사한 초기 연구들이 과학적 열정에 불을 지핀 것이다. 이 거대 구조물 연구자 중에는 제럴드 호킨스(Gerald Hawkins)가 있다. 그는 이러한 과거 건축물들을 이해

---

5   아브 마샤르(Ab Ma'shar)는 서기 8세기 후반 오늘날 아프가니스탄의 발흐 지방에서 태어났다. 수학, 철학, 천문학, 점성학의 대가로서 이슬람 문화에 지대한 영향을 미쳤다.

6   이 책의 제목은 직역하면 『별들의 결정을 다룬 과학의 위대한 서론의 책(The Book of the Great Introduction to the Science of the Judgements of the Stars)』이며, 줄여서 '위대한 서론(the Great Introduction)'이라고 불린다. 유럽의 여러 언어로 번역되면서 '천문학 서설(Introduction to Astronomy)'이라는 제목도 갖게 되었다.

박스 2-3 클라우디오스 프톨레마이오스의 개념에 대한 안드레아스 셀라리우스의 지도

독일 출신의 수학자이자 지도 제작자인 안드레아스 셀라리우스(Andreas Cellarius)는 천체 지도집 『대우주의 조화(Harmonia Macrocosmica)』를 출판했다. 이 작품 속 평면 천 구도에는 니콜라우스 코페르니쿠스(Nicolaus Copernicus), 클라우디오스 프톨레마이오스(Klaudios Ptolemaios), 튀코 브라헤(Tycho Brahe), 아라투스(Aratus)의 우주 개념들이 반영되어 있다. 어색하게 평면으로 표현된 세계와 천구의 지도에서 셀라리우스는 이집트계 그리스 천문학자, 점성학자, 지리학자 프톨레마이오스의 이론을 새겨 넣었다. 프톨레마이오스는 플라톤(Platon)과 아리스토텔레스(Aristoteles)의 기본 원리들에 경험론적 특징을 더했다. 그의 이론에 따르면, 달 아래의 지상 세계, 즉 네 개의 원소로 이루어진 우주 중심의 세계는 땅과 물로 형성되어 가장 밀도가 높고, 그 위로 공기와 불의 영역이 위치한다. 그리고 더 위로 올라가면 별들의 세계가 나타나고, 그 끝에는 고정된 별들의 영역이 존재한다. 이 마지막 영역은 모든 움직임의 근원, 신성한 성질의 '제1운동자(Primer Móvil)'로 덮여 있다.

하는 데에 초점을 맞춘 고고학의 한 분파를 지칭하기 위해 1966년 천문고고학(astroarqueología)이라는 용어를 만들었다. 이 분과학문을 통해, 그러한 건축물들을 세우는 데 필요한 천문학적·점성학적 기본원리에 관한 정보를 획득할 수 있었다. 그 후 학문의 주된 목적

박스 2-4 아브 마샤르의 저서 『위대한 서론』에 실린 삽화

발흐의 아브 마샤르가 바그다드에서 저술한 『위대한 서론(Kitab al-mudkhal al-kabir)』에 담긴 삽화들이다. 이 저서는 1133년 세비야에서 라틴어로 번역되었다. 『천문학 서설(Introductorium in Astronomiam)』이라는 제목의 이 번역서는 유럽에 커다란 반향을 불러일으켰다. 너무나도 잘 알려진 알베르투스 마그누스, 로저 베이컨, 피에르 다일리(Pierre d'Ailly), 피코 델라 미란돌라(Pico della Mirandola) 같은 인물에게 영향을 미쳤다.

이 이들 건축물을 만든 사람들의 역사, 사회, 정치를 이해하는 것으로 바뀌자 고천문학[또는 고고천문학(arqueoastronoíma)]이라는 이름이 생겼다. 아메리카 대륙에서 이러한 방향으로 학문이 전파되고 뿌리내리게 된 데에는 톰 주이데마(R. Tom Zuidema)와 앤서니 아베니(Anthony F. Aveni)와 같은 탁월한 연구자들의 활약이 있었기 때문이다.

곧이어 그와 같은 고고학적 연구는 메소아메리카 지역에서도 이어져, 현재의 토착 주민들이 하늘에 관해 형성해 온 지식들을 탐구하고 있다. 물론, 천문학적 지식과 사회적·문화적 생활(특히 농업적

박스 2-5 영국의 거석 기념물, 스톤헨지

영국의 스톤헨지는 기원전 20세기에 세워진 것으로 추정되는 거석 기념물이다. 이
유적에 관한 과학적인 연구가 오늘날 계속 발전하고 있는 학문의 출발점이 되었고,
다양한 문화권의 연구에도 크게 이바지했다. 실제로 고대인들의 천문학적·점성학적
믿음에 관한 정보는 이들의 사회적·지적 삶을 들여다볼 수 있는 훌륭한 동토가 된다.

박스 2-6 메소아메리카 문명의 천문학 연구를 이끈 대표 학자

톰 주이데마: 세께(ceque) 시스템 연구자다. 세께 시스템은 잉카의 정치, 종교, 천체
지식에 매우 중요한 상상의 설계도다. 톰 주이데마는 세께 시스템에 대해 매우 중요
한 연구를 진척시켰다. 세께 시스템에 따라 제단들, 따완띤수유의 정치권력에 따른
중요한 주민 시설들, 천체의 궤도들이 놓인다. 세께 시스템의 중심에 놓인 꾸스꼬
(Cusco)는 신성시되어, 세계의 진정한 '배꼽(중심)'으로 여겨졌다.

앤서니 아베니: 메소아메리카의 천문학 지식 체계를 연구한 주요 학자다. 앤서니 아
베니의 중요한 저서들 가운데 『고대 멕시코의 천체 관측자들(Observadores del cielo
en el México antiguo)』이 있다. 그는 이 책에서 육안으로 관측하는 방식을 강조하고,
메소아메리카 제례의 중심지에 있는 비문들과 건축학적 방향에 담긴 수학적·천문학
적 의미를 분석했다.

인 성격에서)의 연관 관계도 연구 대상에 포함된다. 민족학(etnología),
민족지학(etnografía), 천문학(astronomía) 등이 서로 조합된 이러한 학
문에 민족천문학(etnoastronomía)이라는 이름이 부여되었다. 이 학문
의 결과물은 오늘날 메소아메리카 원주민의 문화적 관점을 보완

해 줄 뿐만 아니라, 과거 조상들의 천문학을 이해하는 데도 도움을 준다. 아주 오래된 과거의 자료들은 여전히 어딘가에 묻혀 있거나 접근하기 어렵기 때문에, 그 꼬스모비시온의 창시자-사용자들을 직접 만나 의견을 들을 필요가 있다.

3. 메소아메리카 전통에 나타난 천체 연구 관련 1차 자료

하늘에 대한 메소아메리카인의 지식을 연구하기 위해서는 여러 자료가 필요하지만, 그 자료들 사이에는 극심한 편차가 존재한다. 이러한 불균형이 나타나게 된 가장 근본적인 이유는 과거의 원주민에 대한 정보를 직접 얻기가 극히 어려웠기 때문이다. 그러한 정보가 있었다면 유럽인과 접촉한 시기에 매우 중요한 역할을 했을 것이다. 두 세계 간에는 지식 체계의 목적, 방법, 기능 등에서 차이가 있었으므로, 상호 간에 터무니없는 오해가 발생했다. 기본적으로 에스파냐인은 예언적 전통에 관심이 많았으며, 원주민의 전통이 자신들 것과 유사하리라 추측하여 자신들의 지식에 보탬이 될 내용이 있을 것으로 기대했다. 그러나 예상과 달리, 원주민의 예언 방식은 기본적으로 역법의 계산에 따른 것이었다. 따라서 천체의 움직임에 주의를 기울이기는 했으나, 그보다는 시간적 주기의 조합에 더 관심을 기울였다. 16세기 가장 권위 있는 역사가 중 하나인 베르나르디노 데 사아군도 『누에바 에스빠냐 문물사』 제4권에서 원주민 시스템에 대해 당혹감을 드러내며 결국 그것을

박스 2-7 세계 시스템 도표와 그에 따라 배치된 꾸스꼬의 모습

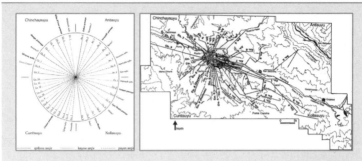

자료: Terence D'Altroy, *The Incas*(Blackwell Publishing), p.161; Helaine Selin(ed.), *Encyclopaedia of the History of Science, Technology, and Medicine in Non Western Culture*(Springer), pp.913~914.

악마적이라고 선고했다. 또한 제7권에서도 나우아인들의 지식을 평가절하할 뿐, 그들의 천문 자료를 이해하지 못했고, 그들과 소통하려 노력하지도 않았다. 그러나 원주민 조력자들로부터 그림을 얻는 등 그런 대로 소득이 있었다.

당시에는 단순한 것이라 하더라도 가치 있는 자료를 확보하는 것에 대해 매우 좋게 생각하는 의견이 존재했다. 예를 들면 알바라도 떼소소목[7]은 원주민의 별자리 그림을 유럽 구세계(Viejo Mundo)의 별자리와 비교하면서 위치를 확인하는 작업을 했다. 디에고 데 란다[8]는 작은 산양 별자리[9]와 쌍둥이 별자리(los Astillejos)

---

7   에르난도(또는 페르난도) 알바라도 떼소소목(Hernando 또는 Fernando Alvarado Tezozomoc)은 부모가 왕족의 직계 후손인 최상위층 귀족이며, 16세기 식민시대 멕시코 정부 기관에서 번역과 통역 일을 맡았다. 아스떼까의 역사서 『멕시코 연대기(Crónica Mexicana)』를 나우아뜰로 집필했다.

를 밤 시각의 지표라고 판단했다. 후안 바우띠스따 뽀마르[10]는 떼 츠꼬꼬(Tetzcoco)의 귀족 자제들이 별들에 관한 연구에 매진했음을 전한다. 텔레리아노레멘시스 고문서[11]를 보면, 제1토끼해(el añ 1 conejo)에는 어느 별들 또는 행성들이 합(合, conjunction)에 들어가는 지 파악할 수 있고(이를 통해 원주민들이 어떻게 불행을 예견했는지 설명할 수 있다), 또한 그것이 실제로 일어났음을 확인할 수 있다. 그러나 대체로 이른 시기의 문서 자료들에는 핵심이 될 만한 내용이 그다지

---

8   디에고 데 란다(Diego de Landa)는 16세기 멕시코 유까딴반도에 정착한 초
     기 프란치스코 수도회 선교사 중 한 사람으로, 후에 주교 자리에 오른다. 그가
     마야인들의 문화를 이해하려는 노력은 긍정적인 평가를 받았으나, 귀중한 그
     들의 서적을 사탄의 불경한 책이라 여겨 모두 불태우게 했다. 저서 『유까딴의
     문물사(Relación de las cosas de Yucatán)』는 마야의 문화와 언어 체계를 이
     해하는 데 매우 중요한 자료로 인정받는다.
9   마야인이 말하는 '작은 산양 별자리(Las Cabrillas)'는 고대 그리스에서 언급된
     '플레이아데스성단(Las Cabrillas)'을 가리킨다. 황소자리에 위치한 이 성단은
     지구에서 가장 가까운 성단 중 하나로, 육안으로 관측되기 때문에 고대의 다
     양한 문화권에서 중요한 의미를 부여했다는 사실을 확인할 수 있다. 이 성단
     내에서 가장 빛나는 별 일곱 개를 지칭하여 '일곱 작은 산양 별자리(Las siete
     cabrillas)'라고 부르기도 한다.
10   후안 바우띠스따 뽀마르(Juan Bautista Pomar)는 16세기 식민시대 멕시코의
     역사가이자 문학가다. 나우아뜰로 된 시를 모은 그의 저서는 매우 중요한 역
     사적 가치가 있다.
11   텔레리아노-레멘시스 고문서(el Códice Telleriano-Remensis)는 16세기 멕시
     코에서 제작된 고문서다. 아스떼까의 의식, 역법, 역사적 내용 등이 기록되어
     있다. 아스떼까의 문화를 기록한 필사본 중에서 가장 보존이 잘된 문서의 하
     나다. 고문서의 명칭은 17세기 말 이 문서를 소장한 프랑스 랭스(Reims, 라틴
     어로 Remensis) 대교구의 주교 샤를-모리스 드 탈레랑-페리고르(Charles-
     Maurice de Talleyrand-Périgord)의 이름(라틴어로 Telleriano)에서 나왔다.

"이러한 점성술은 하늘의 별자리나 행성들에 따르지 않고, 그들 말에 따르면, 께찰꼬 아뜰이 그들에게 남긴 지령에 따른다. 그것은 20개의 상형문자에 13을 곱한 것이다. 이러한 방식의 예언은 전혀 적합하지 않다. 별의 영향이나 자연의 섭리에 따른 것이 아닐뿐더러, 200에 60을 더한 날들이 끝나면 다시 처음으로 돌아가는 그들의 순환도 1년의 순환과 맞지 않기 때문이다. 이러한 셈법 또는 주술(교령술)은 악마의 거래이거나 조작이므로 무슨 수를 써서라도 제거해야 한다." _ 제4권

베르나르디노 데 사아군 수사

"이 책 제7권을 읽는 독자들이 불쾌해하는 이유가 있다. 에스파냐어와 함께 원주민 언어를 이해할 수 있다면 그 이유는 더욱 커질 것이다. 에스파냐어로 번역된 언어도 매우 저급하지만, 이 7권에 포함된 자료도 저급하게 다루어졌기 때문이다. 이는 이 책에 들어 있는 문물에 관해 진술한 사람들이 자신들이 이해한 바대로, 저급한 언어를 사용해 매우 저급하게 다루었기 때문이기도 하다. 따라서 에스파냐어로 옮기면서 저급한 문체와 낮은 수준으로 번역했다. 이 점성술과 자연의 철학에서 그들이 이해하는 것(물론 매우 작고 저급하지만)을 단지 파악하고 기록할 수 있으면 되었기 때문이다." _ 제7권

자료: 『누에바 에스빠냐 문물사(Historia general de las cosas de Nueva España)』 제4권, 「원주민들의 점성술 또는 예언술」의 서론, 제7권 「태양과 달과 별, 그리고 안식년에 대하여」의 서론.

많지 않다.

반면 그림 자료들은 상당히 가치가 높다. 오늘날까지 전해지는 매우 적은 양의 고문서들 속에는 마야인들의 점성술 기록 자료가 풍부하게 담겨 있다. 또 다른 범주에서, 보르지아 고문서(Códice Borgia)나 그와 유사한 자료들은 베일에 싸인 비밀에 다가갈수록 귀중한 정보를 전해줄 것이다. 미스떼까(mixteca) 문화와 관련된 고문

박스 2-9 두 차례의 일식(1476년과 1496년)과 혜성(1489년)

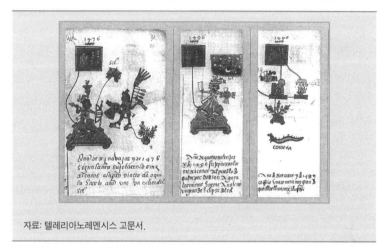

자료: 텔레리아노레멘시스 고문서.

서들을 통해서는 귀족 가문의 사람들이 하늘을 관찰했음을 확인할 수 있다. 또 다른 고문서들의 도판에는 밤하늘에 큰 이변이 일어난 날짜들이 기록되어 있다.

그림 문서에 견줄 만한 자료로는 건축과 도시계획을 들 수 있다. 고고학은 주거지역의 설계와 거대한 건축물들의 배치에 대한 막대한 정보를 제공한다. 이러한 설계와 배치 방향은 일출과 일몰의 주요 지점을 향하고 있음을 알 수 있다. 그 밖에도 점으로 새긴 원(rueda punteada: 별의 움직임을 기록하기 위해 바위에 새긴 표식)과 같은 작은 증거물들도 알려준다.

4. 하늘을 관찰하는 이유

각각의 문화적 전통에는 하늘의 깊이와 움직임을 연구하는 자신들만의 고유한 목적이 있다. 수천 년간 자신들의 체제를 형성하도록 인간을 이끈 동기를 하나의 목록으로 정리하는 것은 어려운 일이다. 그러나 그와 관련된 가설을 만드는 일은 '발견적 학습법(recurso heurístico)'의 일환으로서(항상 일시적이기는 하지만) 타자의 정신세계를 이해하는 데 도움을 준다. 하늘을 관찰하는 까닭은 다음과 같이 추정할 수 있다.

첫째, 일상생활을 하늘의 순환에 일치시키기 위함이다.

먼저, 생산 활동을 비롯한 인간의 삶에 중요한 활동들은 대부분 계절의 순환에 의해 지배된다. 수렵, 채집, 사냥에서 축적된 하늘에 대한 폭넓은 지식은 전통은 농경 생활을 하는 후손들에게 전달되었다. 그리고 이 후손들은 자신들의 활동을 관리하고 통제하기 위해 하늘에 관한 지식에 적응하고, 정교하게 다듬었으며, 복잡하게 늘려갔다. 또한, 인간과 주변 환경의 일부 조건은 하늘의 움직임에 영향을 받는다고 여겨진다. 예를 들어 달의 경우 월경, 임신, 출산에 영향을 준다고 믿는다. 옥수수의 파종이나 지붕에 얹을 야자수의 벌채에도 달의 변화 단계를 고려한다. 또한 달의 순환과 조수 간만 사이의 관계도 관찰한다.

둘째, 하늘의 완벽한 규칙성을 깨는 모든 현상은 불길한 사건의 경고로 받아들인다. 고대 마야인들의 경우처럼 복잡한 수학적 계산을 통해 일식, 월식의 출현을 예견하기도 했지만, 그와 관계없이 일식과 월식, 혜성을 비롯한 여러 현상은 지진을 유발한다고 믿었다.

셋째, 하늘을 관측해 정확한 도시 설계와 건축의 방향을 파악하고, 하늘의 현상을 따라 건축물 간의 배열도 판단할 수 있었다. 또한 이 배열은 미래의 일출과 일몰의 측정, 정확한 의식 집행 등을 위한 수단이기도 했다.

넷째, 별의 운행에 의식(儀式)을 정확하게 일치시키려는 노력은, 하늘의 법칙과 땅의 법칙 사이에 연관성이 있다는 믿음에 따른 것이기도 하다.

다양한 신이 이 세상에 도착하는 시간을 알기 위해 하늘을 관찰하는 일은 필수적인 것이다.

의식을 행하는 시기는 별의 운행에 들어맞는, 행위의 정확성을 요구한다. 하늘의 움직임과 땅의 의식 사이에 시간적 일치(isocronía)를 필요로 하는 예로는 52년마다 행해지는, 새로운 해(年)를 맞이하는 의식(toximmolpilía)에서 반드시 새로 지펴야 하는 불을 들 수 있다. 그 시점은 플레이아데스성단에 해당하는 별자리 띠안끼스뜰리[Tianquiztli: 원주민 언어로 시장(市場) 자리를 의미한다]의 출현에 따라 정해진다. 같은 식으로, 어떤 의식은(이들 의식 중에는 신성한 절차가 반드시 포함되어야 하는 의식들이 있다) 하늘과 땅을 동일시하는 요소들과 더불어 행해진다. 이러한 종류의 의식을 위해 일종의 방향잡이로서 도시의 배치와 건축물의 배열이 이용되기도 한다.

다섯째, 예측의 도구로 사용되는 중요한 달력의 기능과는 별개로, 인간의 운명에 직접 영향을 주는 하늘의 현상이 있다. 가장 해로운 현상은 태양보다 일찍 뜨는 금성의 출현이다. 이로 인해 시간-신들(dioses-tiempos)이 공격당하는데, 그 결과 이로운 시간-신들로부터 은혜를 받아야 하는 시기에, 지상의 존재들이 부정적인 영향을 받기 때문이다.

여섯째, 달력에 고정된 의식 이외에도 천체에 대한 특별한 의식이 있었다. 해, 달, 금성이 중심적인 존재였고 별들이 그 뒤를 따랐다. 고대에는 별을 위해 밤새도록 일련의 엄격한 의식을 치렀다. 오늘날에도 별은 신성한 존재로 여겨진다는 사실을 간과하면 안 될 것이다. 별 대다수는 지상과 지하에 거주하는 아버지-어머니에 대응하는 천상의 존재로 받아들여진다.

끝으로 고대를 살펴보면 역대 통치자에게 신하들이 복종하도록 하기 위해, 그리고 권력의 정통성을 증명하기 위해 하늘에 대한 복잡한 지식을 독점하는 것이 통치 이념의 도구로서 핵심 사항이었다.

박스 2-10 천체의 특별한 현상에 대한 해석과 의식

매일 밤 지하 세계의 야성(夜性)이 하늘을 지배하기 위해 승천한다. 밤은 위험하다. 그러나 그의 영향력은 규칙성이라는 규범 내에 머문다. 일상의 규칙성은 위험을 줄이지는 못하나 상황을 통제할 수 있게 한다. 반면, 일식은 비록 야성과 죽음의 측면이 승천한다는 의미는 같지만, 하늘에서 해가 지배해야 하는 순간에 일어난다. 이 현상은 하늘의 세계가 약화되어 최종적으로 패배하고, 이로써 곧 세상의 종말이 온다는 의미가 될 수 있다. 라우드 고문서(Códice Laud) 도판 24번의 이 그림을 일부 전문가들은 일식에 의해 발생한 밤의 침략으로 해석한다.

52년 주기가 끝나면 메시까인들은 태양이 다시 떠오르지 않거나 세상이 멸망할 수 있다는 두려움에 휩싸였다. 이러한 종말을 피하기 위해 새로운 해(年)를 맞이하는 특별한 의식(toximmolpilía)을 행했는데, 죽은 시간의 주기를 묶어 다시 태어나기를 바라는 기대를 담는다. 행사를 시작하기에 앞서 모든 불을 끄고 집 안의 그림들과 집기를 파괴했다(그림 a). 의식은 오늘날 세로 데 라 에스뜨레야(Cerro de la Estrella)에 해당하는 우이사츠띠뜰란(Huixachtitlan)에서 행해졌다. 사제들은 신과 같은 의복을 입고 의식에 참여했다. 그곳에서 꼬뽈꼬(Copolco) 지역의 사제가 붙잡힌 포로의 가슴에 '새로운' 불을 붙였다(그림 b).

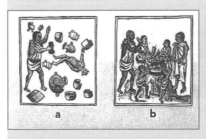

의식은 정확히 띠안끼스뜰리가 하늘을 지배할 때 시작되었다. 베르나르디노 데 사아군은 이 별자리를 오리온자리에 인접한 황소자리의 플레이아데스성단과 동일시했다. 페르난도 알바라도 떼소소목도 띠안끼스뜰리를 플레이아데스성단이라 보았다(그림 c). 이 별자리는 사아군의 『초기 보고서(Primeros Memoriables)』에는 우측의 그림과 같이 그려져 있다(그림 d).

자료:『누에바 에스빠냐 문물사(Historia general de las cosas de Nueva España)』, 제4권 부록;『멕시코 연대기(Crónica Mexicana)』(1944), 제82장, p.396;『초기 보고서(Primeros Memoriables)』, 폴리오, p.282 뒷면.

5. 하늘에 대한 관찰

앤서니 아베니는 하늘 관찰이 육안으로 이루어졌다고 강조한다. 관찰 수단으로는 고정되고 멀리 떨어진 참조물들이 중시되었는데, 이것들을 통해 정확한 시선의 기준을 잡을 수 있었기 때문이다. 농경·정주 생활이 시작되자 농부들은 초기부터 주거지의 일정한 지점에서 지평선을 바라보며 일상적으로 참고할 수 있는 기준섬들을 얻게 되었다. 어떤 방식이 되었든 긴에, 기준점으로 삼기 위해 정확한 시간이 필요했지만, 천체 관측 도구 없이 맨눈으로 하늘을 관찰하는 일은 대단히 어려운 것이었다. 따라서 관찰자는 관측을 위해 특별 수련을 받아야 한다.

산악, 지형 이외에도 다음과 같이 관측의 기준이 되는 인공적인 지점들이 있었다.

① 관측 지점에서 멀리 떨어진 곳에 자리하고, 알맞게 배열된 건조물.
② 건축물의 벽면.
③ 한 해의 특정한 시점에 내부의 정확한 지점으로 광선이 들어올 수 있도록 창문이나 통로가 있는 건축물. 이런 시설은 별의 궤적을 측정할 수 있도록 시선을 하늘의 작은 조각들에 한정하는 역할을 하기도 한다.
④ 앞에서 언급한 것과 유사한 기능을 위해 설치된 지하 회랑의 수직 갱도.

박스 2-11 하늘을 관측하기 위한 다양한 도구

위의 그림에는 두 명의 미스떼까인과 사원이 등장한다. 건물에는 '날짜'를 의미하는 장식이 새겨져 있다. 건물 안쪽에는 두 막대로 만든 V 자 형태의 도구가 보인다. V 자 사이에 별 하나가 있는데, 젤리아 누탈(Zelia Nuttall)은 이것을 별의 궤도를 측정하는 도구라고 해석했다. 그림 가운데에는 한 남성이 비슷한 형태의 도구를 앞에 두고 있다. 아래쪽 그림에서는 남성이 손에 또 다른 이상한 물건을 들고 있다. 끝부분에 별이 있는 것으로 보아, 하늘 관측에 도움이 되는 기구라고 추정할 수 있다.

자료: 보들리 고문서(Códice Bodley), 도판 20번, 17번.

⑤ 천장 구실을 하는 얇은 면포(綿布). 천은 하늘이 비칠 정도로 매우 얇으며, 기준이 되는 점들을 표시할 수 있다.

미스떼까의 고문서에는 V 자 형태로 두 막대를 이어 만든 특이한 도구를 사용했다는 기록이 남아 있다. 그림에 나타난 것으로 크기를 가늠해 보면 손으로 휴대할 수 있는 개인용 측정 도구로 추정된다. 어쩌면 멀리 떨어진 곳에 설치한 큰 도구들일 수도 있다.

같은 고문서에는 하늘 관측자들 손에 또 다른 도구들이 들려 있는데, 그 기능에 대해서는 여전히 파악되지 않고 있다.

추측컨대 도구가 충분치 않았기 때문에 다른 수단으로 보완했을 것임이 틀림없다. 그중에는 고대 메소아메리카인들의 사상을 기록하는 체계(문자와 숫자), 경험에서 얻은 정보를 축적해 온 견고한 토대의 역사적 전통, 수학적 계산 능력 등이 있다. 그리고 이와 같은 축적과 함께 간과해선 안 될 점은 상당한 거리를 두고 서로 떨어져서 관측에 임한 현자들 간의 열정적인 소통이다.

고대 메소아메리카인들이 어떠한 관찰 수단을 활용했는지 정확히 판단하려면 그들을 천체 관측으로 강력히 이끈 목적과 수단을 대조해 보아야 한다. 이 두 가지 요소 즉 수단과 목적은 상호 간에 서로 합치했고, 일상 활동(대부분은 노동이었지만)의 길잡이가 되는 복잡한 체계를 만들었다. 이를 통해 인간에게 정감을 주고, 병렬적 체계(수학 체계와 사상의 기록 체계)를 발전시켰으며, 그리고 특히 놓치지 말아야 할 것은 통치 집단의 권력 행사를 위해 필요 불가결한 이념적 무기를 제공했다는 점이다.

6. 천문학적 계산

마야인들의 특별한 사례로서 천문학 분야의 놀라운 업적은, 다양한 관측 체계, 작업과 기록 체계, 소통을 통한 협력 등이 결합한 결과다. 전고전기 후기에 시의적절한 문화적 변화들이 일어났는데, 그로부터 가장 많은 혜택을 누린 사람들이 바로 마야인들이었다. 변화의 중심 동력은 통치 권력 집중에서 나왔는데, 이를 위해서는 야심에 찬 귀족들과의 권력 다툼에서 통치자의 정치적 정통성이 요구되었다. 각 권력의 핵심자들이 진정한 '맏형(hermano mayor)'으로 여겨지도록 신뢰성을 줄 수 있는, 권력보다도 훨씬 권위가 있는, 매우 특별한 이념적 수단이 필요했다. 그 해결책은 지도자들에게 혈통이나 운명, 신들의 의지에서 비롯된 신성(神性)을 부여하는 것이었다. 시간을 계산하고 천체의 언어를 이해하는 능력 속에는 안에꾸메노적인 존재와 인간적인 능력이 혼합되어 있어, 그 정통성을 뒷받침할 수 있었다. 지도자들은 이러한 능력을 더욱 강화하기 위해 하나의 훌륭한 조직에서 도움을 얻었다. 이 조직은 이미 혁명적으로 발전한 지식을 더욱 보강할 뿐만 아니라, 이 조직 자체로 서로 간에 놀라운 발전을 촉진하는 수단이 되었다.

마야인의 가장 뛰어난 세 가지 업적은 다음과 같다. 구체적으로는 회귀년[12]의 길이 계산, 역법적 계산을 천체 주기의 시간에 일치시킨 것, 일식과 월식의 도래를 예측하는 계산이다.

이 내용을 확인하기 위해서는 메소아메리카에 유리수가 존재하지 않았다는 사실을 염두에 둘 필요가 있다. 다시 말해 두 정수의 비율, 분수, 십진법의 소수 등을 나타낼 방도가 없었다. 하루의 부분들(아침, 낮, 저녁 등)을 구별할 수는 있었지만, 하루는 성스러운 단

---

12 회귀년(año trópico)은 태양이 황도를 따라 천구를 일주하는 데 걸리는 시간, 즉 365일 5시간 48분 46초다.

위였기 때문에 수학적으로 나눌 수는 없었다. 그 결과 1년은 365일의 기간으로 이루어졌지만, 그것에 하루를 쪼갠 시간을 더하는 것은 불가능했다. 따라서 1회귀년이 365.24219일로 측정되는 점을 고려한다면, 현실과는 분명하게 차이가 났다. 유럽 역법 전통에서는 이 편차를 두 가지 방식으로 수정했다. 하나는 4년마다 하루를 더하는 율리우스 카이사르(기원전 42년)의 방식이고, 다른 하나는 교황 그레고리오스 13세의 방식이었다. 후자의 경우는 개혁 시점(1582)에 1년의 계산에서 10일을 없앤 뒤, 00으로 끝나는 해에는 윤달을 두지 않는 계산법이었다.[13] 마야인들은 다른 방식의 해결책을 찾아야 했다.

이러한 수정 방식이 없으면 역법상의 날짜와 계절의 현상 사이에 점차 시간차가 발생하며, 결국 노동 활동을 안내하는 달력이 궁극적으로 제 역할을 못하게 될 것이다. 이 같은 수정이 없으면 그

---

13   율리우스 카이사르는 B.C. 46년 로마력을 개정하여 평년을 365일로 하고 4년마다 1일을 추가하는 윤년을 두었다. 그러나 이 역법의 평균 1년은 365.25일이 되어 천문학의 회귀년(365.2422일)보다 0.0078일(또는 11분 14초)이 길며, 128년이 지나면 1일의 편차가 생긴다. 이를 보완하기 위해 고안된 것이 그레고리력이다. 교황 그레고리오 13세는 태양이 실제로 춘분점에 오는 날과 율리우스력의 춘분날의 불일치를 해결하기 위해 1582년 10월 4일, 10일을 삭제하고 다음 날을 바로 10월 15일로 하는 새 역법을 공포하였다. 이 역법은 400년 동안 97회의 윤년을 두는 계산법으로, 원칙적으로 4년에 한 번 윤년을 두지만, 연수가 00으로 끝나는 100의 배수인 해에는 윤년을 없애고(96회), 다시 400으로 나뉠 수 있는 해에는 윤년을 두는(1회) 방식이다. 계산에 따르면 400년간 1년의 평균 길이는 365.2425일이 되어 천문학의 회귀년과의 편차는 0.0003일이며, 약 3300년에 1일의 편차가 난다.

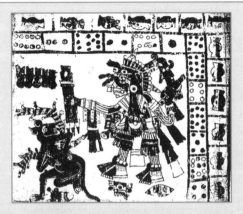

금성은 뜰라우이스깔빤떼꾸뜰리(Tlahuizcalpantecuhtli) 신이기도 하며, 태양보다 일찍 뜰 때는 공격적인 모습으로 등장한다.

자료: 바티칸 고문서(Códice Vaticana) B, 도판 84.

와 유사한 문제점이 종교적인 측면에서도 발생한다. 계절의 변화는 특정 신의 활동에 의해 제어된다고 여겼으므로 그들의 신앙은 그 신을 공양하는 날짜에 연동될 수밖에 없었다. 따라서 계절의 변화와 신자들의 기도는 서로 맞아떨어지지 않게 될 것이다. 이러한 불일치를 인지한 마야인들은 조정이 필요하다고 생각해 아주 오랜 과거의 특정 날짜를 계산의 출발점(이정표)으로 삼아, 역법상의 상호 관계를 고정하려 했다. 이 이정표가 되는 날짜는 360, 260, 365일로 이루어진 세 개의 주기에서 각각 13.0.0.0.0, 4 아하우(ahau), 8 꿈꾸(cumkú)로 표시되었다.

태양과 마찬가지로 일상생활에서 근본이 되는 중요한 천체인

달과 금성의 주기 계산에서도 하루를 쪼개는 것이 불가능했기 때문에, 계산 방식에 비슷한 조정이 일어났다. 달의 경우 삭망월의 주기는 29.530588일이므로, 마야인들은 20일과 30일로 이루어진 6주기(30 + 29 + 30 + 29 + 30 + 29 = 177일)와 약간의 변화를 준 또 다른 6주기(30 + 29 + 30 + 29 + 30 + 30 = 178일)를 교대로 사용했다.

금성의 경우는 주기가 복잡하고 하늘에 떠 있는 지속 시간이 변화하기 때문에[새벽에 샛별로 떴다 사라지는 첫 번째 소멸과 초저녁 장경성(長庚星, 개밥바라기)으로 떴다 사라지는 두 번째 소멸], 해결책이 훨씬 디 이려웠다. 마야인들은 평균 584일을 계산의 기점으로 삼은 뒤, 태양과 함께 떠오를 때의 희미한 출현을 계산하기 위해 역법에 다양한 주기를 반영하며 조정했다.

끝으로, 마야인들은 일식과 월식의 간격을 실증적으로 관찰한 뒤 그 기간들의 공약수를 계산했으며, 그것을 초승달과 보름달의 시기와 조합했다. 현재와 같은 천문학적인 개념은 없었지만 하나의 특별한 단위를 만들기도 했는데, 오늘날의 시각으로 보면 교점(황도와 교차하는 자리)이 삭망(지구를 중심으로 태양과 달이 같은 쪽 또는 서로 반대쪽에서 일직선을 이루는 때)과 일치하는 시기다. 그들의 계측 표에 기록된 결과를 보면, 반드시 마야 지역은 아닐지라도 세계 어딘가에서 관찰되는 일식 또는 월식과 일치함을 알 수 있다. 그들은 이러한 사실까지는 알지 못했기 때문에 기록된 날짜들은 일식 또는 월식의 (확실한 발생이 아니라) 발생 가능성을 의미했다.

박스 **2-13** 마야인의 천체 관측 기록

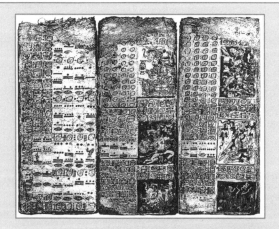

독일 드레스덴시 작센 주립도서관의 문헌 관리자 에른스트 푀스터만(Ernst Föster-mann)은 드레스덴 고문서(Códice Dreste) 도판 24와 46~50에 나타난 내용이 금성 주기에 대한 기록이라는 것을 확인했다. 이 그림에서는 도판 24, 46, 47가 보인다.

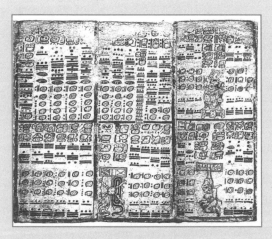

마야인은 33년, 69날로 된 계산을 통해 일식(월식)의 출현을 예견했다. 한 주기가 끝나면 다시 새로운 주기의 계산이 시작된다.

7. 배치와 정렬

앞서 언급한 것처럼 고대 메소아메리카에서는 천문지리를 믿는 사람들이 의식이나 하늘의 관찰을 통해 사원 건축물의 다양한 특징을 설계했다. 예를 들면 건물에 신성한 현상을 만들어내는 구성 요소, 중요한 행성을 향한 건물 외벽, 일정한 거리를 두고 설정한 시설의 배치, 천체 현상을 관찰하는 데 적합한 설비 등을 들 수 있다.

신성함을 목적으로 지은 대표적인 건축물로는 치첸 이씨(Chichén Itzá)의 가스띠요(Castillo: 성채) 피라미드가 있다. 춘분과 추분의 날에 계단 난간이 피라미드 몸체에 투영하는 그림자는 마치 거대한

박스 2-14 말리날꼬의 1번 건축물

멕시코주 말리날꼬의 1번 건축물(Estructura 1)은 바위 위에 세워진 사원이다. 기도소 (capilla) 내부는 동지(冬至)에 태양의 신성한 현상(hierofanía)이 일어난다.

박스 2-15 몬떼 알반의 건축물 J와 건축물 P의 천문학적 배치

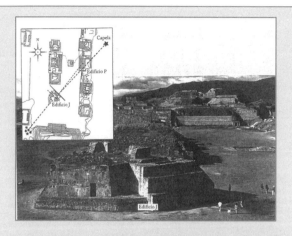

몬떼 알반의 건축물 J는 화살촉 모양의 특이한 형태로 되어 있으며 건축물 P와 천문
학적 배치를 이룬다. 후자의 건축물은 북동쪽으로 대략 100m에 조금 못 미치는 거리
를 두고 위치한다. 건축물 P의 계단 상단 중심에서 시작된 직선은 건축물 J의 문을 가
로질러, 마치 화살촉이 날아가듯, 빛나는 다섯 별로 연결된다. 반면, 건축물 J의 정문
에서 앞과는 반대 방향으로 건축물 P의 관측실 입구를 잇는 직선은 카펠라 별이 지평
선 위로 뜨는 지점에 다다른다.

자료: 호르스트 하르퉁(Horst Hartung)이 그렸다.

뱀의 움직임을 연상시킨다. 또 다른 유사한 예는 멕시코 중부 말
리날꼬(Malinalco)의 1번 건축물(Estructura 1)이라 불리는 사원이다.
헤수스 갈린도 뜨레호(Jesús Galindo Trejo)의 탐사에 따르면, 이 사원
의 내부는 동지에 해가 들어와 밝게 빛난다.

몬떼 알반에 있는 '건축물 J'는 화살촉 형태의 독특한 구조로 이루
어졌는데, 건축물 P와 상당한 거리를 두고 배치되어 있다. 건축물 P
의 중요한 두 지점과 건축물 J를 잇는 연결선은 북동쪽으로 향하면

박스 2-16 정치적 권위를 뒷받침하는 천문학

뜰라또아니(tlahtoani),
즉 통치자 모떼꾸소마 소꼬요친이
사원 지붕에서 혜성을 관찰하는 모습.

빠깔 왕의 석관 비명.
죽은 통치자는 지는 해로 표현된다.

자료: 두란 고문서(Códice Durán), 제1권, 도판 24번.

카펠라가 뜨는 곳에 다다르고, 남서쪽의 화살촉 끝 방향을 따라가면 빛나는 다섯 별[14]로 이어진다. 우아학뚠(Uaxactún)의 '그룹 E'의 경우도 이와 비슷하다. 이곳은 사원들이 모여 있는 복합단지와 같은 곳으로서, 관측자가 이동 없이 한 장소에서 정면의 여러 건축물로 시선을 바꾸어 옮기면서 여름의 하지, 춘분·추분과 동지의 일출을 관측할 수 있다(Ricketson and Ricketson, 1937).

치첸 이싸의 까라꼴(Caracol: 달팽이)이라 불리는 사원에서는 다양

---

14 앤서니 아베니의 연구에 따르면, 빛나는 다섯 별은 켄타우로스자리와 남십자자리의 가장 빛나는 별 다섯 개를 의미한다.

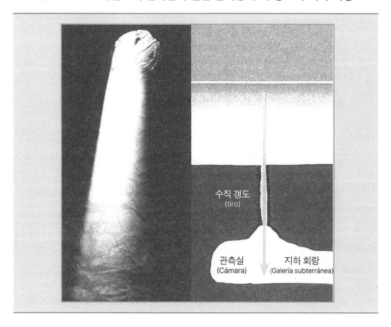

한 장식과 창문을 통해 상당량의 천문학적 배치를 확인할 수 있다. 이러한 배치를 통해 특히 태양과 금성의 궤도를 관찰할 수 있다. 소치깔꼬(Xochicalco)시에 있는 관측실과 지하 회랑, 수직 갱도의 조합도 또 다른 예가 될 수 있다.

8. 천문학과 정치

1차 문서 사료들은 하늘의 관찰이 통치자의 의무 중 하나였음을 확인시킨다. 떼츠꼬꼬(Tetzcoco)의 뜰라또아니였던 .네사우알삘리

(Nezahualpilli)는 천문학에 열중한 것으로 유명했다. 라미레스 고문서(Códice Ramírez)에 따르면, 그는 메시꼬-떼노츠띠뜰란의 뜰라또 아니로 막 선출된 모떼꾸소마 소꼬요친(Motecuhzoma Xocoyotzin)에게 보낸 담화에서 자신의 천문학적 열정을 감추지 않았다. "왕이나 군주는 통치하기에 앞서 하늘의 아홉 주름을 탐구할 수 있어야 합니다. 그렇지 않으면 자기 백성들의 살아가는 수단인 땅의 이치에 도달할 수 없습니다. 이러한 점을 누가 의심할 수 있겠습니까?"라고 인사했다. 말할 나위 없이 이러한 활동은 백성의 눈에는 하나의 덕목으로 비치는데, 백성은 자신들의 통치자를 특별한 방식으로 자신들을 보호할 능력이 있으며, 동시에 위대한 존재라고 판단한다.

또 하나 강조할 점은, 천문학적 지식은 메소아메리카 과거에 대한 이념적 무기가 될 수 있다는 사실이다. 곧 다가올 일식이나 해로운 금성의 출현[15]을 예측하고 미리 대책을 세우는 통치자에게 정치적 권위가 따르는 것은 당연한 일이다.

천문학은 왕조의 경쟁자들과 대항하는 데에도 활용되어 권력의 정당성을 입증했다. 빠깔(Pakal)의 역사는 왕조의 심각한 위기와 함께 시작되었다. 사실상 첫 번째 위기는 그의 어머니 삭 꾹(Zac Kuk) 때였는데, 서기 612년에 여성인데도 빨렌께(Palenque)의 왕위에 올랐다. 젠더적 갈등은 왕좌의 권력으로 눌렀으나, 후계 상속이 또

---

15 고대로부터 많은 문화권에서 금성의 출현은 불길한 징조로 여겨졌다. 마야인들은 금성을 전쟁의 신으로 여겼고, 불행을 알려준다고 생각했다.

다른 갈등을 유발했다. 그의 아들 빠깔이 왕조의 부계적 전통을 깨고(여왕으로부터 왕위를 물려받아) 즉위한 것이다. 이 심각한 정통성 문제도 다시 한번 통치권을 행사하여 해결했다. 그러나 그의 아들 찬 발룸(Chan Bahlum) 시기에도 갈등은 계속되었다. 여러 세대에 걸쳐 통치자들은 문제 해결을 위해 종교적 수단들을 모았다. 삭 꾹(Zac Kuk)을 왕조의 새로운 기원으로 정당화하기 위해 신들의 '첫 번째 어머니(Primera Madre)'로 비유했다. 죽은 빠깔은 떨어지는 해에 비교되어, 석관의 비명에 그러한 이미지가 새겨졌다. 찬 발룸은 호화로운 사원 세 개를 건립했는데, 여기에는 정통성에 의문이 제기된 세 명의 왕을 '빨렌께의 삼신(三神, Tríada)'과 동일시하려는 의도가 있었다. 그리고 왕궁의 거대한 탑에서는 동지에 해가 어떻게 기우는지 볼 수 있다. 해는 마치 빠깔 석관이 안치된 비문(碑文)사원(Templo de las Inscripciones)을 관통하듯 저문다.

_최해성 옮김

제3장
인간

1. 인간의 몸

인체는 고밀도의 무거운 물질과 신성을 띤 가벼운 물질로 이루어져 있다. 이 같은 구성 요소들은 인간의 해부학적인 특징뿐만 아니라 생리학적인 특징들을 보여주고, 피조물로서 인간의 다양한 활동을 보증한다. 고밀도의 물질은 일종의 용기가 되어 그 안에 가벼운 물질인 내용물을 담아낸다. 이미 신들의 생애와 여정을 언급한 바 있듯이[1], 신은 죽으면 죽음의 세계로 하강하는데, 이때 인체라는 단단한 껍질을 갖는다. 따라서 인체를 이루는 가벼운 내용물은 인간이라는 종 전체를 관장하는 수호신의 신성의 일부로 볼 수 있을 것이다. 이러한 해석은 일견 타당해 보이기도 하지만,

---

1   『메소아메리카 전통의 꼬스모비시온 '우주와 신성'』의 제6장 '신', 제7장 '신성한 시간과 공간', 제8장 '우주라는 기계와 에꾸메노의 시간-공간'에 상술되어 있다.

온전한 관점을 제시하지는 못한다. 수호신 신성의 일부를 근간으로 각각의 개별 인간 속에 형성된 영혼이라는 주요 본질로 인해 인간이 인간이라는 종으로 특정되는 것도 사실이지만, 동시에 그 영혼만으로는 인간의 모든 생리학적 과정, 특히 정신적 행위의 과정을 충분히 활성화할 수 없다는 점도 염두에 두어야 하기 때문이다. 결국 인간의 핵심적인 기능을 완전히 설명하기 위해서는 또 다른 영혼의 존재가 필수적인 것이다. 이뿐만 아니라, 인체를 온전히 구성하기 위해서는 긴요하지는 않더라도 부수적으로 필요한 다른 모든 영혼도 추가되어야 한다. 여기에 더해 인체에 해를 끼치는 영혼들도 있는데, 이처럼 유해한 영혼들은 인체 내에 영원히 존재하기도 하고 잠시 머물기도 하지만, 여하튼 인간의 몸을 구성하는 요소이기는 하다. 이것만으로도 제법 복잡하지만, 앞서 기술한 모든 요소 간에 상호작용의 관계가 형성되는 경우, 그 구도는 더욱 난해해진다. 물론 때로는 상호작용 관계의 형성이 매우 어려울 수도 있지만 말이다. 인체 내 가벼운 물질, 즉 앞서 말한 요소들의 상당 부분은 고유한 특성이 있는데, 이 요소들은 그 성격상 양립할 수도 있지만 그렇지 않을 수도 있다. 그뿐만 아니라 모든 영혼이 영속성을 갖는 것도 아니다. 따라서 늘 일반 영혼과 필요 영혼은 물론이고 잉여 영혼과 인간에게는 낯설기만 한 유해한 영혼까지 인체 내에 존재하기도 하고 부재하기도 한다.

요약하자면, 인체라는 용기 속에는 다양한 내용물이 담겨 있다. 그러나 모든 내용물이 영구적으로 동일한 것은 아니다. 인체는 일상의 삶 속에서 벌어지는 갖가지 사건 속에서 자발적으로, 또는 유익하거나 유해한 영혼들의 의도치 않은 침입을 통해 다른 수많은 내용물을 받아들이기 때문이다.

수호신에서 파생된 본질적 영혼 이외의 다른 영혼들, 즉 필요 영혼과 잉여 영혼, 유익한 영혼과 유해한 영혼은 하나같이 시간의 신, 날씨의 신, 동물의 신, 식물의 신 등 다양한 신성에서 비롯된다. 이는 매우 널리 통용되는 나우알리스모[2] 이론과 통한다. 나우알리스모에서는 각각의 개별 인간은 차원이 다른 본질적 영혼으로 이루어져 있되, 인체라는 용기 속에는 또 다른 영혼도 깃들어 있다고 말한다. 이런 관점에서 보자면 인체는 영구적이자 필연적으로 나우알리스모적이다. 인체를 완성하고 온전히 기능토록 하는 데 일부 영혼의 존재는 필수불가결 하기 때문이다.

2. 인간의 다양한 관계

인간은 그 자체로 권리와 의무와 영감의 주체이며, 따라서 사회적 구성원이자 신의 의지를 실현하는 자이고 상황에 따라 행동하는 행위자다. 이러한 개념은 오랜 세월 동안 형성해 온 인간의 사

---

2   나우알리스모(nahualismo)는 나우아뜰의 '나우알리(nahualli)'에서 비롯된 말
   이다. '나우알리'는 '나우알(nahual: 인간이 변신할 수 있는 동물)', '덮개', '변
   장'과 유사한 의미다. 달리 말하면, "동물 형태로 변신할 수 있는 능력이 있는
   인간(hombre-nahual)" 또는 "인간이 태어날 때부터 인간을 보호해 주고 인도
   해 주는 동물의 영혼 또는 변화의 힘"이다.

회적 상호 관계와 환경과의 상호작용에서 비롯된 것이다.

메소아메리카 각 지역의 기후, 역사와 전통의 다양성을 고려해 보면 과연 이 지역 사람들의 성격적 원형을 특정할 수 있을지 의문이 든다. 그러나 노동 면에서 보자면 사람들 간의 상호 관계에서나 인간-환경 간의 상호작용에서 놀라울 정도의 유사성을 드러낸다. 광활한 지역인 만큼 기후 면에서 매우 큰 차이가 있었음에도, 인간이라는 개념에서는 중요한 공통점을 보이기 때문이다. 메소아메리카 지역에서는 옥수수를 주식으로 삼았으며, 그 외에도 콩, 호박, 고추 등을 먹었는데, 이러한 농작물은 유전적 특성이 매우 다양해 메소아메리카 전역의 서로 다른 기후에도 놀라울 만큼 잘 적응하며 생장했다. 기후가 매우 다양했음에도 강우 체계와 관련해서는 두 가지 점에서 동일한 특성을 보였기 때문이다. 즉, 강우의 정도와 기간이 전반적으로 불규칙하고 경우에 따라서는 심하게 불규칙했으나, 매년 겨울에는 건조하고 여름에는 비가 많이 오는 두 가지 계절적 특성이 있었던 것이다.

앞서 언급한 작물은 밀빠라는 혼합 경작 방식의 농업생태계에 최적화된 식물로, 이 작물들의 경작을 위해서는 동일한 농토에서 뒤섞여 자라는 각각의 식물에 대한 차별화된 관심이 요구된다. 파종에서 추수에 이르는 이 작물들 간의 상호작용은 그것들이 얼마나 조화롭게 공생하는지에 따라 달라진다. 이러한 복잡한 체계의 운영을 위해서는 사람들의 노동도 필요하지만, 동시에 농지 정리와 식물 관리, 영농상 위험 방지에 필요한 특화된 지식도 필히 요구된다. 각 작물별로 개별 관리를 해야 하는 밀빠식 영농법은 다른 작물의 영농법과는 큰 차이가 있다. 예를 들어 밀의 경우에는 파종한 뒤 추수를 하고 탈곡을 할 때까지 대량 처리 방식을 적용하기 때문이다.

이처럼 메소아메리카 지역은 기후의 차이가 매우 컸지만, 이 지역 농부들에게는 공통적으로 맞닥뜨려야 하는 공동의 도전 과제가 있었다. 아무리 경작지를 물웅덩이 근처에 마련하고, 저수 기법과 관개 및 배수 기술을 발전시켜도 농부들이 자연 강우에 전적으로 의지할 수밖에 없는 현실이 그것이었다. 수천 년간 밀㎖를 통해 얼마나 많은 소출을 내었는지는 날씨에 따라 달라졌다. 앞서 언급했듯이, 메소아메리카 전역에 비가 많이 올 때도 또는 적게 올 때도 있었지만, 기본적으로 강우량과 강우 정도가 불규칙하다는 공통적인 특성이 있었고, 우기가 시작되는 시점과 끝나는 시점 역시 들쑥날쑥했기 때문이다. 결국 메소아메리카의 농부들은 하늘의 변덕에 모든 것을 맡길 뿐이었다. 그러고 보면 메소아메리카 전역에서 비의 신들을 치아가 뾰족하고 송곳니가 돌출된 거대한 입을 지닌 형상으로 묘사하는 데는 타당한 이유가 있다. 이러한 형상들은 비의 신들이 인간의 바람과 고통을 보면서 드러내는 변덕과 무심함을 상징하는 것이었다.

메소아메리카 전역에서 나타나는 또 하나의 부정적인 공통점이 있다. 바로 짐을 끌고 실어줄 동물이 없다는 점이었다. 쟁기도 수레도 없이 이 지역 농부들은 오래전부터 에스파냐 정복 직전까지 그저 제한된 농기구만을 사용했을 뿐이다. 파종용 막대기, 뾰족한 막대기, 그물이나 주머니, 정, 돌도끼, 끈, 밧줄, 곡물 저장고, 도리

깨, 맷돌, 환경이 허락하면 사용하던 장대와 노가 달린 카누 정도
가 전부였던 것이다.

생산과 토지 소유의 기본 단위는 가정이었다. 가정에서 부부가
각자의 성별에 따라 역할을 분담하는 것이 매우 중요했던 만큼 독
신 생활은 비정상적인 것으로 치부되었다. 각 가정은 마을 공동체
안에 삶의 보금자리를 틀었다. 마을들은 상호 간의 협력, 각 가정
의 원조, 울력, 가정의 제반 문제에 대한 집단적인 대처의 근간이
되는 공동체를 통해 자급자족을 하게 되었다.

그러나 마을들은 강력한 응집력과 자족적 성격을 갖췄음에도
결국 외부에 문을 열었다. 메소아메리카 지역은 산악지대라는 지
리적 특성으로 인해 다양한 작물이 경작되었고, 이는 상호 물물교
환을 자극하는 계기가 되었다. 농작물뿐만 아니라 다양한 물자와
지식까지 교환하면서 하나의 거대하고 촘촘한 상호 관계의 상설
그물망이 형성되기에 이르렀다. 이러한 현상은 다시 마을들 간의
통합과 중앙집권화를 불러왔다. 그럼에도 마을들은 일반적으로
지금까지 이어온 공동체의 내부적 구조와 구성원 간의 결속을 지
켜나갔다.

3. 인간에 대한 관념

전고전기 초기 이래로 강력하게 뿌리내려 온 메소아메리카의
인간에 대한 관념은 종교와 신화, 윤리, 심지어 정치에 이르는 다

른 다양한 사고 체계를 형성하는 근간이 되었다. 수 세기에 걸친 시간의 흐름 속에서 모든 질서가 변해갔지만 농부와 밀빠, 그리고 농부와 공동체 간의 직접적인 관계에는 거의 변화가 없었다. 그리고 이것이 메소아메리카인에게는 인간이야말로 그 어떤 변화에도 굴하지 않는 존재라는 생각을 심어주었다.

가정이 경제단위가 되는 체계 속에서 가족구성원 간의 상보성은 수렵·채집 시대로부터 이어져 내려온 세계에 대한 이분법적 관념을 더욱 강화했고, 이는 농업관에도 적용되었으며, 이러한 경향은 남녀가 만나 부부가 되는 것을 통해 온전한 인간이 완성된다는 탄탄한 믿음을 만들었다. 이 같은 부부의 결합이 남녀 간 성평등까지 이루어낸 것은 아니었지만, 남녀 간의 강력한 상호 의존관계를 구축했다.

농경 생활은 어쩔 수 없이 부단한 상호 관계 속에서 이루어져야 했으므로 공동체는 사회생활의 중심이 되었을 뿐 아니라, 경제 활동과 종교 활동, 보편적인 문화 활동 전반의 중심이 되었다. 이렇게 마을공동체는 매우 자치적으로 운영되었으며 전술한 바와 같이 자족적 성격도 매우 강했으므로, 심지어 메소아메리카 시대 말기에조차도 국가의 간섭을 막아낼 수 있을 정도였다. 모든 공동체에는 마을을 보호하고 지켜주는 수호신이 있었고, 각 가정은 생산단위로서 각자의 토지를 경작했다. 멕시코 중부 지역의 후고전기 사람들의 생활에 대한 구체적인 문헌 자료가 남아 있는데, 이 자료에 따르면 경작지와 인근의 숲, 샘과 기타 자연 자원은 모두 공동체 소유였는데, 이들 자원이 공동체를 구성하는 각 가정에 분배되었음을 명확히 파악할 수 있다.

공동체의 또 다른 특성은 모든 권리와 의무는 상호성에 입각하며 공동에 속한다는 것이었다. 또한 윤리 의식과 관련해서도, 신과 광범위한 공동체 사회를 위해 자발적 또는 강제적으로 해야 할 일을 하거나 하지 않았을 때, 이에 대한 책임 역시 개인의 것이기도 하지만, 가족과 공동체 전체의 것으로 생각했다. 공동책임 의식은 공동의 의무 이행과 맞닿아 있는데, 이는 매우 엄격한 규율이었지만 동시에 실제적이고 세속적이어서, 이를 어겼을 경우에는 신체적 장애나 질병, 불의의 사고 같은 신의 징벌이 내린다고 생각했다.

상호성은 종교 개념에도 반영되었다. 애초에 인간은 신에 조력하고 신의 도움을 받기 위해 만들어진 존재로, 신과 인간의 긴밀한 상호 관계는 이 세상의 지속과 인간의 생존을 위해 필수불가결 한 것이었다. 그래서 오늘날에도 꼬라(Cora)족은 세상이 여전히 존재하는 것은 절기마다 주기적으로 의례를 행한 덕분이라고 믿고 있는 것이다.

이런 종교관을 근간으로 보면, 인간은 태생적으로 노동을 해야 하는 존재로, 노동은 인간의 본질일 뿐 징벌이 아니다. 노동은 개인이 마을공동체 신들과 주고받을 수 있는 주요 교환물이다. 수호신이 인간을 지켜주는 것과 마찬가지로 인간은 농지에서 일해야 하는 사명이 있을 뿐이다. 더 나아가 죽음 이후에도 인간은 저승에서 가족과 공동체와 전 인류를 위해 일하는 책임을 지속한다.

농부와 밀빠의 관계는 사람과 자신이 경작하는 토지 간의 강력한 유대 관계를 만들어냈다. 물론 고대에도 계약을 통해 타인의 경작지에서 일하는 방식이 존재했지만, 가장 이상적인 노동 형태는 가족 소유의 경작지에서 농사를 짓는 방식이었다. 이는 생산적·정서적·종교적으로 의미가 있는 것이었는데, 그렇게 함으로써 인간이 땅과 연계되었다. 각각의 식물을 서로 다른 방식으로 경작하거나 심지어 별로 많지는 않지만 통상 집 근처에서 키우는 가축까지도 서로 다른 방식으로 키우면서, 농부들이 그렇잖아도 지니고 있던 동식물에 대한 의인화 경향을 더욱 강화시켰다. 사실 농부들은 온 세상이 인간과 너무나도 유사한 특성을 지닌 갖가지 존재로 가득 차 있다고 상상했던 것이다. 결국 농부는 에꾸메노와 안에꾸메노가 서로 상호작용 한다고 생각했으며, 이러한 생각은 지금까지도 이어지고 있다. 일례로 에카르트 보에지[3]는 그 덕분에 마사떼까(Mazateca) 농부들이 땅, 밀빠, 식물, 가축과 형성해 온 개별적 관계들에 관한 유의미한 자료를 수집할 수 있었던 것이다.

4. 본질적 영혼

모든 영혼 중에서도 가장 중요한 것은 인간의 심장에 깃든 본질적 영혼, 또는 정체성을 형성하는 인간의 심장에 깃든 영혼이다.

---

3   에카르트 보에지(Eckart Boege)는 멕시코 국립고고학역사연구소의 교수이자 연구원으로 활동하면서 멕시코 오아하까주 북부의 마사떼까 산맥에 거주하는 마사떼까 원주민 문화를 연구했다.

신이 특정한 종에 본성을 부여할 때는 모든 개인을 서로 닮게 한다. 원칙적으로 본질적 영혼은 인류의 수호신이 갖는 본질의 한 조각으로 만들어지는데, 이 수호신은 신화시대에 인간을 창조한 신으로서 어머니의 자궁에서 형성되는 각각의 아이에게 아버지-어머니로서 그 영혼을 전달해 준다. 고대 나우아 설화에 따르면, 아기에게 어머니의 자궁으로 하강하라는 명을 내린 주체는 그란 빠드레와 그란 마드레[4]로, 이때 태아의 성별을 결정한다. 본질적 영혼은 인체를 구성하는 일부로서 생명을 유지하고 활력을 불어 넣으며, 생각과 감정의 원천이다.

본질적 영혼은 내부와 외부의 위험에 노출되어 있으며, 이 영혼을 강화하기 위한 다양한 치료법이 존재한다. 고대 멕시코 중부 지역에서 가장 위험천만한 것 중 하나는 죄악, 특히 성적인 죄악으로 인해 심장에 물리적 압력이 가해지는 것이었다. 혈압이 상승하면 심장이 뒤틀리면서 죄인이 이성을 상실하게 만들 수 있다는 것이다. 이를 치료하기 위해서 죄지은 이가 죄를 고백함으로써 건강과 분별력을 되찾을 수 있었다.

인간이라는 종이 가진 능력과 특성은 다양하다. 예컨대 특별한 육체, 수호신과의 관계, 언어(lenguaje), 공동체 속에서 영위하는 도덕적 삶, 노동 능력 등이 그것이다. 그런데, 이런 보편적인 능력과 더불어 세습되는 특별한 능력도 있다. 예를 들면 종족적 특성, 종

---

4 '그란 빠드레(Gran Padre)'와 '그란 마드레(Gran Madre)'는 '아버지 신성'과 '어머니 신성'으로 이해할 수 있다.

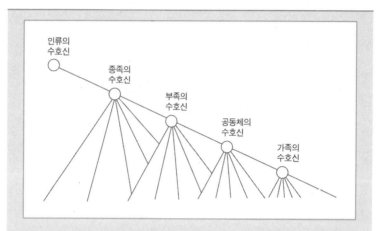

수호신들은 신성한 능력, 특히 분열하는 능력 덕분에 인간 집단의 수호자로서 각각 위계가 있다. 각 개인의 마음속에는 각 위계 고유의 근본적인 특성이 들어 있다.

족의 수호신과의 관계, 종족의 언어, 종족 내부의 집단적 관습과 고유의 역할 등이 그것이다.[5] 이런 식의 상충되는 문제를 해결하는 방법이 바로 신들의 개념, 즉 신들의 분열 개념이다. 분열을 통해 수호신들의 계통이 분류되는데, 이는 인간 집단의 계통분류와 연계된다. 이 두 집단에서 다음과 같은 분지군(分枝群)이 파생된다. 종족 수호신들의 분지, 부족 수호신들의 분지, 마을공동체 수호신들의 분지, 가족 수호신들의 분지다. 이렇게 하여 인간의 심장에 깃든 영혼은 다양한 특수성을 띠는 서로 다른 층위에서 자신이 깃든 개별 인간과 자신이 속한 인류 전체, 종족, 부족 구성원, 공동체

---

5   여기서 말하는 'lenguaje'는 인간이 지닌 보편적인 의사 표현 수단이고, 'lengua'는 특정 언어를 가리킨다.

구성원, 가족 구성원 등과 동일시된다.

5. 개별화된 영혼

본질적 영혼이 각 개인을 서로 다른 층위의 집단 전체와 동일화
하는 역할을 한다면, 각 개인에게 개별적 특성을 부여하는 또 다른
영혼도 있다. 이들 영혼은 본질적인 영혼과는 상이한 것으로, 각
개인에게 영구적으로 편입되기도 하고, 일시적으로 깃들기도 한
다. 영구적으로 편입되는 영혼들은 인체의 기능을 보완하기 위해
몸 안에 깃드는 것으로, 생명 유지를 위해 꼭 필요한 요소다. 이뿐
만 아니라 이 영혼들은 각 개인의 사회집단 내 지위를 결정짓기도
하고, 체온의 균형을 유지하거나 물리적인 몸 상태(건강한 신체 또는
병약한 신체, 장수와 단명, 악습에 빠지기 쉬운 성향 등), 개인적 성격, 의식
수준, 체력, 정력, 용기와 용맹, 꿈, 기억력, 감정과 열정, 자기 절
제력, 안에꾸메노적 역량의 조절 능력, 그리고 특히 운명의 실을
잣는 신들과의 관계 등을 결정짓기도 한다.

이러한 영혼들은 근원도 다양하다. 이 영혼들 중 하나는 아기가
태어나고 며칠 되지 않았을 때 의식을 통해 깃드는 신-시간이다.
고대 시대에 멕시코 중부의 나우아족은 햇살을 모아 물동이에 담
은 뒤 그것으로 신생아를 목욕시켰다. 그런가 하면 오늘날에도 끼
체(Quiché)족은 '날(日)의 얼굴'(k'ix, '태양', '빛', '날', '이름')을 언급하면
서, 이 '날의 얼굴'이 아기에게 깃든다고 말한다. 그리고 이 과정을

통해 아기에게 이름을 붙인다는 것이다. 아기에게 영혼을 깃들게 하는 두 번째 방식은 조물주가 명하는 것이다. 조물주는 동물 중 하나를 골라 그 영혼을 아기에게 보내 평생 그 아기의 본질적 영혼과 동행하도록 한다. 이렇게 두 영혼은 특성과 운명을 같이하게 되는 것이다.

개별적인 영혼을 획득하는 또 다른 방법은 신이 피조물로 하여금 피조물 속에 깃들도록 신의 자질 일부분을 선택하게 하는 것이다. 그러면 피조물은 수태되는 순간이나 태어난 뒤에 좋든 싫든 간에 그 권능을 발휘해 통치자가 되기도 하고, 비가시적인 권능을 휘두르는 점성술사로 변신하기도 한다. 오늘날에는 깃드는 신이 날씨의 신, 특히 번개의 신이라는 이야기를 많이들 한다. 그런가 하면 어떤 아이는 태어날 때부터 신성을 부여받고 태어난다는 말들도 한다. 머리에 피막이 덮여 있거나 쌍가마가 있는 것이 그것이다. 고대에는 이러한 것들을 비(雨)의 신의 징표로 여겼다.

본질적 영혼과는 달리 일부 개별화된 영혼은 잠자는 동안이나 성교하는 동안, 또는 심지어 다른 존재에게 깃들기 위해 시도하는 동안 인체를 빠져나갈 수도 있다. 신성을 지닌 존재이므로 안에꾸메노의 문턱을 넘나들 수 있는 것이다. 따라서 꿈을 꾸는 것은 신들과 대화를 나눈 기억, 경이로운 경관을 본 기억, 죽은 가족을 만난 기억 등을 만들어내는 실질적 여정으로 해석된다.

끝으로, 일시적으로 깃드는 신의 영혼 중에는 예술적 영감이나 성욕, 범죄 충동, 광기를 불러일으키는 것도 있고, 취기나 정신질환, 질병 등으로 인해 사람이 착란을 일으키게끔 만드는 것도 있다.

6. 인생 유전

인간은 단순히 조밀한 물질/가벼운 물질 또는 몸/정신 같은 이원적 요소로 이루어진 존재가 아니다. 인간은 끊임없이 변화하는 복잡한 존재인 것이다. 인간이 죽고 나면 인간을 이루는 모든 구성 요소가 분해되어 버리기 때문에, 사실상 이 땅 위에서의 삶이 존재의 완결성이라는 의미에서 볼 때 진정하고, 충만하고, 유일한 삶인 셈이다. 인간의 세상은 온갖 영고성쇠에도 불구하고 있을 법한 세상 중에서는 최선의 것이다. 상반되는 요소들의 역동적인 대립 속에서 우주의 힘이 벌이는 한판 유희의 산물이기 때문이다. 자연적으로 주어진 시련은 신의 은총으로 완화될 수 있으며, 인간은 이러한 신의 은총을 지혜로운 분별력으로 충만하게 누려야 한다. 지혜로운 분별력이 있으면 자기 자신과 다른 사람을 위해 최소한의 피해만 감당하면서 최대한의 기쁨을 누릴 수 있다. 선조의 지혜가 담긴 잠언인 '우에우에뜰라똘리(huehuetlahtolli)'에는 귀족 집안의 부모가 딸에게 조언하는 내용이 담겨 있다. 이 세상에는 고통이 있음을 인정하되, 신들이 웃음과 음식과 꿈과 활력과 성관계와 부부가 함께하는 삶, 자식, 일을 주었으며 귀족의 경우에는 영예와 권력도 주었다는 것을 알아야 한다는 것이다. 그러니 행복은 추구해야 하는 것이다.

마이클 멘델슨(Michael E. Mendelson)이 과테말라 알또스의 아띠뜰란(Atitlán) 호수 인근 지역에서 수집한 기도문에는 다음과 같은 문장이 있다. "이 땅에서 우리는 꽃입니다. 어린 시절에는 잔뜩 오므린 꽃봉오리였다가 점점 자라면서 꽃을 활짝 피웁니다. …… 우리가 이 세상에 존재하는 것은 꽃처럼 삶을 향유하기 위함이며, 설탕과 달콤한 것들을 맛보기 위함이며, 여자와 축제를 즐기기 위함이니, 그것들을 즐기다가 어느 오후 돌연히 죽음을 맞이하지요. 그렇습니다. 우리는 이 땅에서 꽃입니다."

인간은 탄생이라는 춥고 축축한 상태, 즉 죽음과도 같은 환경에서 갓 태어난 상태에서 출발하여 완벽한 성숙의 상태에 이른다. 그 상태에서 계속 햇살을 받으면서 늙어가면 이느덧 심장이 뜨거운 상태가 된다. 거기에서 더 늙으면 심장이 과도하게 달궈져 인간의 다른 능력에까지 해를 가하게 되고 결국 목숨까지 위태로워진다.

인간을 구성하는 영적인 부분은 끊임없이 변화하는 일종의 복합체로, 인간을 찾아왔다가 언젠가는 떠나버리는 갖가지 요소와 그러한 요소에 영향을 미치는 다양한 경험이 서로 어우러져 빚어내는 강렬한 상호 관계로 이루어진다. 다시 말해 인간은 변화하는 존재인 것이다.

7. 건강과 질병

건강이란 위해를 가할 수 있는 공격이나 침입으로부터 벗어나 자유롭고 균형 잡힌 신체 상태를 말한다. 또한 여기서 균형이란 주로 서로 상보적이며 대립적인 것, 즉 몸의 경우에는 냉온이라는 상반된 기운이 불러일으키는 움직임이 큰 동요 없이 지속성을 유지하는 것을 의미한다. 공격은 힘이 가해지며 일어날 수도 있고 천상이나 지하 세계의 신들에 의해 일어날 수도 있다. 어떤 경우에는 해서는 안 될 행동을 하거나, 그런 행동으로 야기된 불균형한 결과의 응징으로서 공격이 가해지는데, 이로 인해 몸이 약해진다.

신체의 균형에 관해 말하자면, 설사 균형 문제가 주로 체온 변화를 통해 드러난다 할지라도, 체온 상태가 아니라 물질에 내재된 두 가지 성질과 관계된다는 사실을 기억할 필요가 있다. 그럼에도 이같은 원칙이 늘 들어맞지는 않는다. 예를 들어 고대에는 치아 질환이 차가운 성질의 열을 발생시킬 수 있다고 생각했다.

균형 상태를 유지하기 위해서는 과도하게 뜨겁거나 차가운 환경, 극한의 노력을 기울이는 환경, 야행성과 같은 극단적인 초자연적 위험 환경에 신체를 노출하지 말 것이 권고되었다. 음식도 고추와 토마토같이 서로 상반되는 성분이 고루 섞여 균형을 제대로 이루도록 해야 하며, 몸의 균형이 변화하는 데 따라 음식도 조절해야 한다. 그래서 월경 중에는 차가운 음식을 먹지 말아야 하는 것이다. 이러한 균형의 유지를 위해서는 감정 조절, 절도 있는 생활, 의무 이행, 타인과의 올바른 관계 설정, 당국자들에 대한 복종, 종교적 책무 준수 등이 필요하다. 수치심과 분노는 매우 위험한 상태로, 수치심은 냉기를 몸 안으로 끌어들이고 온기는 밖으로 분출하며, 분노는 이와 반대되는 작용을 일으킨다.

육체적 불균형으로 야기된 이질적인 것들이 몸에 침입하게 되면 병증이 외부로 드러난다. 비의 신이 인체에 침입하면 극심한 관절통과 관절 변형이 일어난 것이다. 전염병은 마을의 주민들을 공격해 가는데도 눈에는 띄지 않는 '손님'으로 간주되었다. 지하 세계에서 공기라 불리는 유독하고 위험천만한 것이 분출된다.

영적인 존재도 위험하기는 마찬가지다. 예를 들어 크게 놀라는 일은 자칫 영혼을 빠져나가게 할 수 있는데, 이렇게 빠져나간 영혼 은 탐욕스러운 신에 의해 사로잡힐 위험에 노출된다. 의사는 잃어 버린 영혼을 찾아 나서고, 영혼을 잃어버려 쇠약해진 상태에서 침 해당한 몸을 깨끗하게 한 뒤(가끔은 맞바꿈 방식을 통해), 나갔던 영혼 을 되찾아서 환자의 몸에 다시 집어넣는다.

이를 수행하는 방법은 꽤 여러 가지가 있지만, 그중에서도 가장 대표적인 치료법은 균형 법칙을 근간으로 한, 의학 지식에 따라 분 류한 식물, 동물, 광물성 제재를 한 가지 또는 여러 가지를 복합적 으로 사용하는 것이다. 전문적인 의술을 행함으로써 의사는 질병 의 원인을 파악하고 치료법을 찾아내 적용하며 윤리 의식과 가족, 제례와 관련된 일을 수행하는 현자가 된다.

8. 죽음

신이 인간에게 베푼 온갖 선에 대한 대가로 인간이 신에게 제공 할 수 있는 최고의 행위는 자신의 몸과 기운을 바치는 것이다. 그래 서 사람이 죽으면 몸을 흙으로 돌려보내 대지의 양분이 되게 하고, 땅이 주었던 모든 것도 돌려보내며, 땅에 대해 행한 모든 모욕적 행

멕시코 중부 지방의 고대 나우아족은 사람이 자연사하면 망자들이 가는 곳으로 가서 9층까지 내려가는데, 그곳에서 망자의 개별적 특성이 사라진다고 믿었다. 반면에 '물(水)로 인해'(수종에 걸려, 벼락을 맞아, 물에 빠져, 나병에 걸려) 죽은 사람은 비의 신이 지배하는 뜰랄로깐(Tlalocan)으로 간다. 왼쪽은 믹뜰란떼꾸뜰리(Mictlantecuhtli) 신이고, 오른쪽은 뜰랄로센(Tlalocen) 신이다.

위, 심지어는 변을 보아 땅을 더럽힌 행동까지 그 대가를 치른다.

옛말에도 있듯이 죽음이란 인간이라는 완성체의 해체를 의미한다. 인체 중 조밀한 물질로 이루어진 가장 부드러운 부분은 즉각적인 해체가 이루어지는 반면, 뼈에는 영혼의 일부가 계속 머물며 가족의 수호자 역할을 한다. 몸을 이루는 연한 물질은 각기 다른 운명에 처한다. 어떤 영혼은 원래의 근원으로 돌아가고, 또 어떤 영혼은 악귀가 되어 대지를 떠돈다. 주 영혼, 즉 본질적 영혼 역시 원래의 근원, 즉 신성한 산[6]으로 돌아간다. 그러나 거대한 저장소에 머무는 것이 아니라 정화를 위해 안에꾸메노의 공간으로 가야 한다. 그곳에서 본질적 영혼은 자신에게 붙어 있던 삶의 잔재를 떨어내게 된다. 보통은 거대한 저장소의 터를 이루는 물을 건너 지하 세계의 바닥까지 계단을 내려가는데, 계단 하나하나를 밟아 내려갈 때마다 특별한 고통과 함께 정화가 이루어진다. 그렇게 지상에서부터 지하 세계로의 마지막 계단까지 내려서게 되면 이전 삶에 대한 기억은 모두 사라지고 또 다른 인간의 본질이 되기 위한 순백의 영혼으로 탈바꿈하게 된다.

이러한 과정에서 가족과의 연계도 점차 지워진다. 여전히 연계가 지속되는 동안에는 사자(死者)도 일을 해 친족들을 돕기도 하고 주기적으로 그들을 찾아와 자신들에게 할당된 소출물을 받기도 한다. 로우르데스 바에스 꾸베로[7]에 따르면, 죽은 지 얼마 안 된 사자들은 이미 여행길에 지쳐버린 다른 사자들을 도울 힘이 있다. 그러나 점차 그들도 쇠약해진다. 물론 살아 있는 사람들 꿈을 꾸어서 꿈속에서 만나기라도 하면 다시 힘을 얻기는 하지만, 결국에는 연계도 약해지고, 잠시 일을 도와주러 가더라도 무심한 사자로서일 뿐, 주로 날씨를 정해주는 정도에 머무른다. 그리고 마침내, 전생에서의 마지막 흔적이 지워지고 만다.

고대 나우아족은 본질적 영혼이 결국 가게 되는 네 장소에 대해

---

6   신성한 산(Monte Sagrado)은 하늘과 지하 세계를 소통시키는 통로로서 세계의 중심에 위치한다. '우주산'이라고도 불린다.
7   로우르데스 바에스 꾸베로(Lourdes Báez Cubero)는 멕시코의 인류학자다.

명확히 기술했다. 이들이 어디로 가게 될지는 그들의 죽음을 정한 신이 결정한다. 평범한 영혼은 지하의 어두운 구역으로 간다. 비의 신들이 선택한 영혼은 물이 흐르는 거대 저장소로 간다. 전투에서 사망한 전사와 첫아이를 분만하다 사망한 여인과 태양신에 바쳐진 영혼은 태양이 머무는 하늘로 간다. 그리고 끝으로 엄마 젖만 먹었던 아이는 유모(乳母) 나무로 간다.

_ 김수진 옮김

제4장
신성과 인간의 관계

1. 관계를 맺는 방법

메소아메리카 전통에서 인간의 개별적인 관계는 인간의 근원, 존재 이유, 인간이 거주하는 사회에만 국한되지 않는다. 문화에 의해 만들어진 수단들이 효율적이기 때문에 인간은 그 수단들을 자기 주변의 모든 존재에게 확장시켰다. 심지어 인간은 인간 자신이 거주하는 에꾸메노에 활력을 부여했다고 판단했던, 그 감지할 수 없는 존재들이 거주하는 안에꾸메노의 시공간에 대해 인식하게 되었을 때는, 그 수단들을 인간의 세계 너머에 있는 안에꾸메노까지 투사하게 되었다.

신성의 구축 자체는 인간 존재의 일부분을 신성화했을 뿐만 아니라, 세상 만물을 신성한 영혼이 깃든 피조물의 집합체로 변화시켰다. 앞에서 살펴보았듯이, 피조물은 창조주 신들을 구성하는 물질(세상 만물 각각에게 특성을 부여하는 것) 한 조각으로 만들어져 생명이 부여되었다. 이로 인해 인간이 인간의 사회 너머에서 맺게 되는 개별적인 관계는 에꾸메노와 안에꾸메노에 다양한 형태로 존재하는 신과 맺은 것이다. 태양의 금령(禁令)이 세상에서 모든 계층 간의 언어 소통을 방해한다 하더라도 피조물처럼 용기화된 신과 대화하는 예외적인 인간도 존재한다.

인간과 신 사이의 관계 중에서 다음 세 가지는 주목할 필요가 있다. 첫째, 세상 만물의 영속성 측면에서 신에게 협조할 도덕적 의무감에서 비롯된 관계, 둘째, 후원자들과의 결속에 동의하는 관계, 마지막으로 인간의 욕망을 성취하기 위해 신의 개입을 요청하는 관계이다. 물론 이 경우에 인간에게 불리한 행동은 자제하지만 사소한 것까지도 인간이 원하는 것을 이루기 위해 신의 개입에 의지한다. 신에게 협조하는 관계로서, 씨앗-심장이 신성한 산에다 농사의 소출물과 사냥감 일부를 되돌려 주는 의식을 들 수 있다. 인간은 늘 수확물의 첫 소출 또는 사냥감의 일부를 제물로 바친다. 종족의 보존을 보장하기 위해 자연에 되돌려 준다. 노동으로 쇠약해진 신의 건강을 회복시키는 의식이나 존재의 지속을 위한 시간의 주기를 견고하게 연결하는 의식 등도 신에게 협조하는 행위다. 신의 개입을 원하는 예로서는 기근이 닥쳤을 때의 도움 요청, 인간의 소망 실현을 위한 간청, 적에게 피해를 주게 해달라고 요청하는 의식 등을 들 수 있다.

인간의 사회적 관계는 상대방의 사회적 지위와 수준에 따라 차별화된다. 일반적으로 접대 형식은 규범적이고 복잡하며 각별한 주의, 지식, 세련된 행동 등이 요구된다. 접대에는 일반적으로 결례를 피하기 위해 충분한 준비가 필요하다. 특히 신을 접대하는 인간의 행위는 천차만별이다. 물론 경우에 따라 예외가 있을 수 있지만, 인간이 보이지 않는 힘 앞에 복종하거나 동등하게 대적 또는 강제적인 수단을 야기하는 우월자와 열등자 간의 대립 등, 다양한 접근 방법과 기술이 필요했을 것이다. 이를 통해 우리는 제임스 조지 프레이저의 고전적인 종교와 주술의 차이에 대해 알게 된다.[1]

2. 순명의 길

신성을 부분적으로 간직한 인간은, 다른 신성한 존재와 의사소통할 수 있다고 여겨진다. 그러나 피조물로 만들어질 때 그의 연한 구성 물질은 조밀하고 무거운 덮개로 마무리되었기 때문에 다른 존재를 인식할 수 없거나 그 존재를 두렵고 경이로운 모습으로

---

1 메소아메리카 전통에서, 제물과 희생은 인간과 신 사이에 형성된 강한 상호성의 특징을 보여준다. 정도의 차이는 있지만 모든 종교에 상호주의가 존재하며 그 중요성은 라틴어 'Do ut des' 또는 산스크리트어 'dadamise, dehi me' 등의 표현으로 구체화된다. 앞의 산스크리트어 두 구절은 "너희가 나에게 봉헌할 수 있도록 내가 너희에게 주겠다"를 의미한다. 헨리 허버트(Henri Hubert)와 마르셀 모스(Marcel Mauss)는 여러 종교의 봉헌(제물)에 대한 연구에서 두 가지 특성을 강조했다. 신은 재화와 인정이 필요한 존재이고, 희생은 의무이며 계약이다. 모스의 입장은 은총을 언급할 때, 봉헌은 합당한 물질을 바쳐야 하고 신과 인간은 차원이 다름이 전제되어 있어 신은 인간의 작은 봉헌을 받고 큰 것을 주어야 한다고 했다. 전술한 내용에도 불구하고, 메소아메리카에서 상호주의는 인간 생명을 바칠 것을 요구한다는 사실에 주목해야 한다.

바라보게 된다. 신성함과의 접촉을 두려워해야 할 이유는 상존한다. 신과의 상호작용은 위험하고, 순명은 신중해야 한다.

일반적인 용어로 순종의 길은 신앙이라고 불리며, 사회나 그 사회에 속한 개인의 모든 정신적 또는 그 정신이 표현된 활동은 그 사회의 교회법에 따라 신성화된다. 이렇게 함으로써 신들이 자신들의 의지에 따라 개인 혹은 단체의 소원을 해결하는 데 관여할 수 있게 해준다. 인간에게 필요한 신의 관여는 허락, 협력, 도움, 용서, 무위(無爲) 등의 형태가 있다. 일반적으로 청원 방법에는 호혜성 제안이나 그 안에 경건한 표현, 춤, 찬송, 순례, 인신공희 등의 정성을 담은 형태의 봉헌이 포함된다. 숭배는 성스러운 영역 안에서 볼 때, 안에꾸메노의 존재들(힘과 신 모두)에게 개별적 혹은 집단적으로 기도하는 매우 엄격하게 규정화된 사회적 관습의 총체로서, 종교적 성격을 띤다. 이 의식은 신의 행위나 무위에 영향을 미치기 위함이고, 의식을 통해 신의 마음을 움직인 경우에는 매우 소중한 의사소통이 이루어진 셈이다.

의식의 종교적 봉헌은 오늘날 '관습'이라 불리는 구전 전통에 포함되어 있다. 그 기원은 인류의 시조인 최초 부모(부부)가 신들로부터 받은 가르침에서 비롯된다. 이 믿음은 신들 사이의 서열을 용인하는 형태로서, 신화 시대에 형성된 숭배의 옛 개념에서 비롯되었다. 그레고리오 가르시아(Gregorio García) 신부는 17세기 초반에 고대 미스떼까인과 관련하여 이러한 사실을 언급한다[『신세계 인디오들의 기원(Origen de los Indios del Nuevo mundo e Indias Occidentales)』, 제5권, 4장].

그때부터, 궁전과 조정에 있는 모든 신의 시조신인 부모는 두 아들을 낳는다. 두 아들은 아름답고 신중하고 모든 예술 분야에서 재능이 많았다. 첫째는 '아홉 뱀의 바람(Viento de Nueve Culebras)'이라고 불렸는데 그의 이름은 태어난 날의 이름에서 유래되었다. 둘째는 '아홉 동굴의 바람(Viento de Nueve Cavernas)'으로 불렸다. 이 이름 또한 그의 탄생일의 이름이었다. …… 그때 부모의 집에서 평온하게 지내던 두 아들은 부모님께 제물과 희생을 바칠 것에 동의했다. 그래서 그들은 불씨를 담은 점토 향로에 향 내신 싸리나무 가루를 뿌렸다.[2] 인디오들은 이를 세상에서 이루어진 최초의 봉헌이라 말한다. 두 아들은 또한 부모님께 기도하고 서약하며 약속했다. 부모님께 봉헌한 싸리나무와 또 다른 희생의 선행을 어여삐 여겨 자신들에게 유익한 하늘을 만들어주고 세상을 명료하게 하고 땅을 만들어주기를, 좀 더 정확히 말해서, 땅이 나타나게 해달라고 간원했다. 그리고 물을 모아주기를 기원했다. 그들의 유일한 휴식은 작은 과수원을 가꾸는 것 외에는 아무 것도 없었기 때문이다. 이들은 자신들의 요구를 성취할 목적으로 부모를 압박하기 위해 돌침으로 귀를 뚫어 핏방울을 흘리게 했다. 이 같은 피의 봉헌은 혀를 통해서도 이루어졌다. 그들은 성스럽고 거룩한 버들가지를 솔로 삼아서 혀의 피를 나뭇가지와 식물에 뿌렸다.

---

2   식민시대 초기에 에스파냐인들이 담배를 싸리나무로 착각했는데, 두 식물이 모두 가지과[학명: 솔라나케아이(Solanaceae)]에 속해 형태와 속성이 유사해서 혼동했다고 한다.

그러므로 신들이 안에꾸메노에서 만들고 인정한 가르침은 (에꾸메노에서도) 계속된다. 의식은 또한 창조 행위를 수행하기 위해 지구상에서 두 개의 시공간 차원(안에꾸메노와 에꾸메노)을 통합한다. 신들은 안에꾸메노의 영원한 현재를 에꾸메노 시간의 흐름 속으로 가져온다.[3] 예를 들어 봉헌 제물을 통해 소우주에서 대우주를 만드는 것이다. 집이나 신전의 준공식, 즉 '깔마말리우아(Calmamalihua)' 의식에서 네 기둥에 극도로 차가운 뿔께[4]를 뿌리고 꼬빨에 불을 붙여 갖다 댄다.

정복이 진행되면서 발생한 가장 큰 종교적 변화는 의례 분야에 있었다. 미사와 성찬식이 거행되고 에스파냐 사제들이 옛 인디오의 성직자들을 대체했다. 이러한 사실은 원주민 생활에 큰 변화를 가져왔다. 종교적 의례 변화에 대한 원주민들의 반응은 가톨릭 사

---

3   안에꾸메노에 있는 존재들에 대한 수행 지침은 다음과 같다.
   (1) 의례는 사회적이며 개인적으로 또는 집단적으로 수행된다.
   (2) 신을 찾는 경우 종종 신과 의사소통을 시도한다.
   (3) 신들의 의지에 영향을 미치는 것을 목적(신을 감동·설득시키고, 호혜성 약속을 하고, 협박한다 등)으로 한다.
   (4) 일반적으로 다음과 같은 명확한 목적에 따라 안내된다.
      ① 안에꾸메노에 있는 존재의 세상에 대한 행동 방식을 인식한다.
      ② 세상에서 지시된 힘을 무력화하면서 변화를 이루거나 어떤 상태를 유지한다.
   (5) 절대적이지는 않지만 매우 엄격한 수행이다. 그러나 유연성이 있어 변화, 대체, 생략, 추가 등이 허용된다.
   (6) 대부분의 경우 의례의 종교적 특성으로 인해 적절하고 효과적이라고 여겨진다.
4   뿔께(pulque)는 용설란으로 만든 술이다.

제들 대신 자신들의 원주민 사제들과 은밀하고 지속적으로 접촉하며 그들 고유의 전통적인 종교 행위를 최소한으로 진행하는 것이었다. 이렇게 가톨릭과 원주민 종교의 만남은 종교의례에 새로운 해석과 의미를 가져왔다.

3. 개인숭배와 집단숭배

가족과 개인의 경우 모든 종교적 간청은 집 안의 제단 또는 인적이 드문 외딴곳 등에서 행해진다. 이러한 사적인 간청이 그들이 신과의 약속인 지속적인 순례, 공공건물 안에서의 회개, 광장의 춤 예식 등과 같은 단체 예식에 참여해야 할 경우, 걸림돌이 되지 않기 위해서다.

가장 흥미로운 개별 의례 중 하나는 신성과 사적인 관계를 맺는 것이다. 계약은 불가사의한 방식으로 이루어진다. 신과의 합일을 추구하는 사람은 일반적으로 극도의 고행, 금식과 금욕을 행한다. 신과의 합일에 도달한 자는 일반적으로 신성한 것이나 정치 분야를 관할할 수 있는 특별한 권력을 취득한다. 『미초아깐 교류사(la Relación de Michoacán)』는 유명한 통치자 따리아꾸리(Taríacuri)의 실패한 치적을 기술해 놓았다. 반면 그가 개인적으로 달성하지 못한 것을 이루기 위해 두 조카를 투입하여 마침내 이루어낸 성공담도 언급되어 있다. 서구의 영향으로, 누군가 기독교적인 '악마(diablo)'와 우연히 협정을 맺었다는 식의 이야기가 현재까지 전해 내려온다. 17세기에 루이스 데 알라르꼰[5]은 각 가정은 신의 모형이나 그림, 향정신성 식물, 그리고 가족을 보호해 주는 성물이 담긴 자루를 소중하게 간직했다고 밝혔다. 각 개인의 사생활에서 행해지는 개인숭배의 경우 전문 지식이 있는 원주민 사제가 집, 옥수수밭, 증기 목욕탕, 석회 가마 등의 축성식을 공들여 거행한다. 따라서 개인숭배라 하더라도 의식이 단순하지 않았다.

고대 메소아메리카에는 공공숭배가 두 영역, 즉 지역 공동체와 공권력 중심지에서 동시에 개최되었다. 지역 공동체의 기본 임무는 각 지역 단체들과 아스떼까 원주민어로 '깔뿔떼오뜰(calpultéotl)'이라고 불리는 수호신 사이의 관계를 보호하는 것이었다. 집단들은 자신들의 안녕을 수호신에게 의지했고, 수호신의 은총은 그들의 순종, 예식 준수와 선행의 정도에 따라 분배되었다. 신은 공동체에 생산, 재생산, 건강과 행복한 삶 등의 은총으로 보답했다. 지역 공동체에는 자체 사제와 사원이 있었고, 사제들은 미성년자 교육을 담당했다. 각 공동체는 세상에 모습을 드러냈을 때 신으로부터 특정 직업을 받았기 때문에 노동 축제를 거행했으며, 이 축제는 중앙 권력 영역에서 축제 전문 집단들이 개최한 축제와 상호 보완되었다.

오늘날, 신성한 산에 대한 숭배는 공동체의 책임이다. 공동체는 적어도 매년 우기가 시작될 때, 만물의 주인인 수호신이 특히 경작

---

5   루이스 데 알라르꼰(Ruiz de Alarcón)은 멕시코 출신의 극작가로, 그의 희곡은 완성도 높은 줄거리, 심리학적 치밀성, 윤리적 교훈 등으로 유명하다.

지의 물을 관리함으로써 자신의 자산을 분배하는 장소까지 행렬을 한다.

달력의 날짜에 근거한 근엄한 숭배는 중앙권력의 관할이었다. 주로 365일 주기의 시간에 따른 종교의례는 농업 생산 과정과 밀접하게 연결되어 있었다. 마찬가지로, 전쟁과 건강 분야를 포함하여 집단을 보호하기 위한 종교적 행동을 직접 지시하거나 집행하는 것은 통치자의 책임이었다. 주권자들은 필요에 의해 그를 신권의 능력자, 신의 힘을 받는 사, 운명을 면밀히 예측하는 지, 그리고 많은 경우에 나우알리스모를 포함하여 초자연적 요소를 다루는 두려운 존재로 만들었다.

권력에 유착한 대제사장직은 정부 조직의 일부였다. 따라서 대제사장은 경제적으로나 제도적으로 정부에 종속되어 있었고, 일상의 복잡한 지적 작업이 그의 소관이었다.

중앙권력의 숭배와 공동체의 숭배 사이의 유대는 지속적이었다. 많은 연례 축제가 인근 지역사회에 배분되었다. 아마도 떼노츠띠뜰란의 수많은 신전 사이에 지역 공동체들을 위한 신전들이 있었을 것으로 추정된다.

4. 일상생활의 의례

아놀드 반 겐넵[6]에 의해 '통과의례'라고 명명된 개인숭배는 일상의례에서 두드러지게 나타난다. 이러한 개인숭배는 통과의례를 치른 사람의 신분 변화를 허용하고, 통과의례에 내재된 위험을 사전에 방지한다.

고대 메소아메리카에서는 태어난 지 며칠 안 된 아이들은 '두 번째 출생'으로 불리는 의례를 치러야 했다. 앞에서 설명했듯이, 영혼은 자신이 존재하는 내내 동반해야 할 피조물 안으로 들어갔다. 이 영혼이 자신의 짝인 육체를 찾는 절박함과 아기가 특정한 신성에 일시적으로 속해야 한다는 필요성이, 출생 후 13번째 날이 다가오는 짧은 기간 동안 축하 의식을 강요한 것인지도 모른다. 13일의 각 단위는 숫자 1로 상징되는 신-시간에 의해 지배되는 단위를 형성했다. 아이는 반드시 신-시간의 보호를 받아야 했다. 적시에 영혼을 받지 않으면 피조물은 생존할 수 없을 것이다.

까뿌치힐(caputzihil)이라 불리는 의례는 후고전기의 마야인들 사이에서 행해졌으며, 이는 앞에서 언급된 것과 같이 '다시 태어날 것'을 의미한다. 그러나 이 의식은 유년기(3~14살)에 거행되었다. 아이들이 서너 살이 되었을 때, 남자아이의 정수리에 하얀 팔찌를 얹고 여자아이의 치골에는 조개껍질을 올려놓았다. 소년, 소녀들은 신전 안뜰로 인도되어 각각 성별에 따라 무리지어 정렬한다.

---

6 아놀르 반 겐넵(Arnold van Gennep)은 독일 출신의 민족학자이자 민속학자다. 그에 따르면, 사람은 태어나면서 하나 이상의 사회에 속하게 되고, 그 속에서 많은 의례를 경험함으로써 한 사회의 구성원으로 자리를 잡고, 새로운 사회조직에 통합되기도 하는데, 이 같은 상태의 변천은 의례적인 절차를 통해 이루어진다. '통과의례'는 반 겐넵이 처음 사용한 용어로, 인간 생활에서 연령, 신분, 상태, 장소 등의 전이 단계에서 시행되는 의례를 일컫는다.

사제는 뼈로 이들의 이마를 아홉 번씩 쳐서 의례적으로 정화하고 죽인 뒤에, 이들에게서 구슬과 조개껍질을 제거한다. 이렇게 해서 이들은 성인으로 간주되었다.

결혼은 두 영혼이 발산해 합일하는 의미를 내포하기 때문에 가장 중요한 통과의례 중 하나였다. 그렇기 때문에 나우아인은 배우자의 영혼 사이에 교감이 있는지 확인했다. 그렇지 않으면 배우자 중 한 명이 상대 배우자의 영혼을 삼킬 위험이 있기 때문이다. 후안 데 꼬르도바(Juan de Córdova) 수사는 시뽀떼까 원주민이 결혼 전 신랑과 신부의 달력 날짜의 숫자를 합해 자식이 많을 것인지를 확인했다고 말한다. 합산한 숫자가 상극이면 결혼은 피했다고 한다.

장례식 또한 죽음의 지역으로 향하는 수년간의 모든 여정 동안 고인을 돕기 위한 의식이기 때문에 통과의례로 간주되었다. 고대에 모든 통과의례가 개인숭배에 속한 것은 아니었다. 통치자가 승진할 때는 가장 호화로운 승진 의식을 거행했다. 문헌자료에서 가장 많이 언급된 의식들은 떼꾸뜰리[7]라는 정치적 반열에 오르는 의식들인데, 이는 사람의 죽음과 부활을 상징하고, 군주가 권좌에 오를 때 신성하게 변화하는 의식을 상징하기도 했다.

---

7   떼꾸뜰리(tecuhtli)는 수도 떼노츠띠뜰란을 통치한 황제 바로 아래 서열의 권력자로서 지방의 도시 국가를 통치했다. 엄청난 부와 막강한 권력을 소유했으며 황제에게 충성했다.

5. 신의 방문

20일 단위의 18개월로 구성된 365일 주기와 13일 단위의 20개
월로 구성된 260일 주기의 날들을 통해 신들은 특정한 능력에 부
합하는 축제 때마다 신자들을 보호하기 위해 세상으로 왕림했다.
많은 선교사가 그 신들을 퇴치할 목적으로 축제에 대해 자세하게
알려고 애를 썼다. 이렇게 그들은 축제 의례들을 꼼꼼히 조사하여
기록했다.

멕시코 중부에서 베르나르디노 데 사아군, 디에고 두란(Diego Durán),
또리비오 데 베나벤테 모똘리니아(Toribio de Benavente Motolinía), 바
르똘로메 데 라스 까사스는 주기 순서대로 이루어지는 축제에 관
한 귀중한 1차 자료를 수집해 기록했다. 유까딴반도에서, 디에고
데 란다[8]는 비록 기록하는 데는 인색했다 할지라도, 마야 원주민
의 20일 단위 각 1개월을 기독교의 1개월, 260일 주기의 13일 단위
1개월과 연관시켰다.

이곳을 방문하는 각 신은 자기만의 능력, 욕망과 필요한 것들을
가지고 있었다. 축제를 통해 신자들은 신의 취향을 만족시키고, 신
의 임무를 도와주었으며, 신의 힘과 효율성을 제고하는 데 기여했

---

8 디에고 데 란다(Diego de Landa Calderón)는 에스파냐 출신으로, 유까딴의
   주교를 역임했다. 원주민의 우상숭배에 반대해, 원주민 사제들을 박해하고,
   마야 문자, 마야 종교와 문명에 대한 지식을 해독하는 데 매우 유용한 고문서
   를 거의 모두 불태웠다. 그럼에도 마야의 문화를 기록하고 연구한 그의 작업
   은 대단히 중요하다는 평가도 있다.

다. 기도, 춤, 노래와 음악, 제물과 희생, 고행과 철야 금식기도는 신이 세상으로 왕림하는 시기에 맞춰 진행되었다. 실수와 태만은 환대와 접대가 부족하다는 것이어서, 신에 대한 심각한 모욕이었다. 신은 그런 행위가 축제의 주인공인 자신의 존엄성을 훼손하는 것이라고 판단하기 때문이다.

신의 모든 현시가 달력에 의해 이루어지지는 않았다. 예상치 못한 재난이 닥치거나 세상이 활기차지 않는 것은 신의 변덕스러움에서 기인한 현상으로 여겼기 때문이다. 가뭄, 기근, 질병, 패전 등은 절망을 피하려는 절박함과 함께 신에게 특별한 숭배를 할 계기가 되었다.

역경에 대한 인간의 반응은 신의 가르침에 대한 집단적 위반으로 인식해서 잦은 회개와 희생 행위로 나타났다. 비상시의 숭배처럼 정기적인 숭배도 국가 개입에 크게 의존했으며, 종종 정치적 의도를 포함한 조치들은 엄청나게 호화로운 의례로 바뀌기도 했다.

6. 죽음의 의례

인간에게 가장 고통스러운 호혜적 의무는 자신의 생명을 바치는 일이었다. 메소아메리카인은 이 의식이 신화의 시공간에서 신들이 고안한 의식이라고 믿었다. 그것은 세상 만물의 존재를 위해 필요하고, 대체할 수 없는 행동이었다. 태양, 달, 별의 전사는 자신의 죽음으로 의례의 길을 열었다. 신자는 지상에서 매일 별이 질

때마다 신성한 제물을 반복적으로 마련해 바칠 일을 고민했다.

인간이 그러한 고통스러운 의무를 수행하는 두 가지 주요 원인을 의례의 목적에서 찾을 수 있다. 하나는 재산의 희생이다. 그것은 신의 노력과 죽음으로, 신으로부터 받은 은혜에 대한 보답의 한 형태다. 죽음으로 죽음을 지불하는 것이다. 아스떼까 원주민은 희생자를 넥스뜰라우알띤(nextlahualtin)이라고 불렀다. 원래 의미는 조잡하고 직접적인 표현으로 '채무 상환'이다. 신이 세상 일을 하느라 지치고 고갈되어 있기 때문에 잘 먹여야 한다. 식량 부족이 신의 소멸로 이어지기 때문에 제물을 충분히 바쳐 신의 엄청난 노력을 보상해야 한다.

또 다른 원인은 신의 주기적인 희생이다. 에꾸메노와 안에꾸메노의 시공간이 땅 위에서 의례적으로 연계될 때 신화적 희생이 끔찍하게 반복됨으로써 신은 다시 죽는다. 신이 죽지 않으면 이 세상에 그들의 경이로운 효력은 없을 것이다. 신의 원기 회복은 넥스뜰라우알띤들의 희생으로 만들어진 양식만큼 필요하다. 그러나 이 경우에 사원의 성전에서 죽은 자들은 넥스뜰라우알띤이 아니라 '신들의 형상'인 떼떼오 이미시쁘뜰슈안(teteo imixiptlshuan)이다. 희생물로 선택된 사람의 신체는 용기로 바뀐다. 변형의 의례를 통해 희생물들은 그들을 소유한 신과 비슷한 모습이 된다. 이렇게 인간은 인간-신의 지위를 획득하고 이 상태에서 육화된 신은 의례의 고통을 감내한다. 라스 까사스 수사는 이런 의례의 의미를 금방 이해했다.

물의 신을 위한 축제 에살꼬알이스뜰리(ezalcoaliztli)가 행해지던 날은 사람들에게 엄숙하고도 흥겨웠다. 축제가 행해지기 20일 또는 30일 전에 사람들은 남녀 노예를 사서 결혼한 남편과 아내로 함께 살게 했다. 검은 날(인신공희 날)이 다가왔을 때 그들은 뜰랄룩(Tláluc)[9]이라는 신의 휘장과 의복을 남자 노예에게 입히고, 여자 노예에게는 뜰랄룩의 아내 찰치우꾸에예(Chalchiuhcueye)의 휘장과 의복을 입혔다. 그렇게 차려 입은 그들은 자신들의 성 마르띤이 도착하는 자정까지 매일 춤을 추었다.[10]

초창기부터 메소아메리카의 농부들은 죽음의 의례를 거행했다. 정치가들은 이념적인 동기로 인신공희의 횟수와 빈도를 강화했다. 한편으로 대규모로 치러지는 공개적인 의례는 참여자에게 강렬한 인상을 남겼다. 이들 의례가 세상에서 삶을 유지해야 한다는 녹록지 않은 인간의 의무와, 국가가 추구하는 목표를 위해 전사할 필요가 있다고 독려했다. 또한 이들 의례는 가장 강하고 가장 전투적인 국가를 상징하는 헌신적이고 충직한 구원자들이, 고증 자료를 통해 확인할 수 있듯이, 적대적인 부족들을 겁박한다는 명성을 지녀야 한다고 독려했다.

---

9   뜰랄룩(Tláluc) 또는 뜰랄록(Tlaloc)은 비나 물의 신이다.
10 성 마르띤(san martín)은 에스파냐에서 소시지를 만들기 위해 돼지를 죽이는 날이기 때문에, 죽음의 의례의 관습을 경멸적으로 표현한 것이다.

7. 불복종의 길

인간은 신과 동등하거나 우월한 위치에서 신성한 존재와 직면할 위험을 기꺼이 감내한다. 이를 위해 자기 자신을 확신하며 신에 대해 불복종을 마다하지 않는다. 이러한 연유로 신과의 접촉이나 의사소통 같은 전형적인 소통 수단을 배제하지 않는다. 권력이나 전문 지식은 주술사가 추구하는 목적과 안전에는 적합하지만 관계의 위험이 적고 필요한 지식이 제한적일 때 반드시 필요한 것은 아니다. 불복종 관행은 보통 일반인의 일상 행동에서 다반사로 일어난다. 예를 들어 누구나 밀麥 수확물을 보호하기 위해 방앗공이를 묻을 수 있다. 하지만 기술적인 면에서 위험이 증가할 때는, 자격을 갖춘 사람이 일을 수행하는 것이 올바른 처사다.

고대 메소아메리카 시대부터 불복종하는 방법으로 신성과 접촉한 예는 대단히 다양했는데, 이를 불복종 자체보다 더 포괄적인 개념을 동원해 정의하기는 어려운 일이었다. 여기서 중립적 용어를 사용하기 위해 주술사를 언급하자면, 주술사는 일반적으로 광범위한 가용 수단들 가운데 일부를 제한적으로 이용하는 전문가였다. 의사는, 예를 들어, 환자의 동의를 구하기 위한 간단한 대화에서부터 환자의 문제에 대한 해결책을 찾기 위한 무아경(無我境)의 여행에 이르기까지 다소간의 주술 요법에 의존했다. 점쟁이는 숨겨진 사실에 대해 알아내기 위해 옥수수 알갱이나 줄 매듭을 이용해 점을 치는 것에서부터 꿈풀이에 이르기까지 다양한 방법에 의존했다.[11] 때때로 점술은 종교 분야까지 넘나들었다. 살또까메까

표 4-1 종교 의식과 주술 의식의 비교

인격 의식		비인격 의식
종교 의식		주술 의식
기도가 지향하는 신성 또는 신성들과의 소통 관계를 확립하기 위한 것이다. 때때로 사제는 자신과 신성 및 신성의 대리자 등을 포함한 대화자 간 의사소통의 중개자로 행동한다.		안에꾸메노적 힘들과 소통을 시도하지 않은 채 신성한 영역에서 행동한다.
복종적이고 종속적인 태도로 화목, 화해 및 청원 등의 수단이 사용된다. 의식의 예로는 간청, 참회 등이 있다.	기원 대상자와 같거나 인지할 수 없는 존재 앞에서 우월함을 과시하려는 태도로, 설득, 구속 및 강압 등의 수단이 사용된다. 의식의 예로는 기원, 위협적인 몸짓 등이 있다.	에꾸메노 또는 안에꾸메노에서 현실의 숨겨진 부분을 인식하고 이러한 영역에서 행동한다. 점술의 많은 부분이 비인격적이다.

(xaltocameca)인들은 여신 악빠하뽀(Acpaxapo)를 불러냈다. 그 여신은 여자의 얼굴, 머리카락, 부드러운 향내를 풍기며 뱀의 모습으로 기적처럼 그들 앞에 나타나 적들의 의도를 털어놓았다. 다른 피조물들에게 영향을 미치기 위해, 사제 또한 자신의 신성한 내면으로부터 동물, 식물, 광물, 인공물의 신성한 내면과 대화를 시도하면

---

11 메소아메리카 인디오 원주민의 주술 의식은 일반적으로 다음과 같이 분류된다.
   (1) 대화: 제사장은 규범에 따른 기교를 구사하면서 동물, 채소, 광물 또는 인공물의 영혼들과 더불어 자신의 본질적인 영혼으로부터 말을 하는데, 그들 영혼의 행위 또는 무위가 자극을 주거나 변화를 유발한다. 이를 위해 제사장은 신념, 언약, 협박 등을 사용한다.
   (2) 모형 구축: 주술사는 대우주를 투사해 소우주 모형 하나를 만들고 나서, 그 모형 안에 숨겨져 있는 것을 파악하거나 조종함으로써 거시 현실(macroreality)에서 효과를 유발하기 위해 그 모형을 관찰하고 그 모형 위에서 행위를 할 수 있다.
   (3) 여행: 사제는 자신의 영혼 중 하나를 안에꾸메노에게 보낸다. 그곳을 여행하면서 그곳에 숨겨진 현실을 보고, 자신의 개입이 에꾸메노에서 결과적으로 변화를 유발하길 바라면서 그 영혼이 자기를 대신해 행동하게 한다.

서 그들을 설득하거나 압박했다. 사제는 자신의 우월성을 드러내기 위해 자신의 본질적인 영혼의 계급적 속성을 주문(呪文)으로 과시했는데, 그 영혼은 수호신을 구성하는 물질의 한 조각이었다. 사제는 인류의 후원자인 께찰꼬아뜰(Quetzalcóatl)이나 인간을 창조하는 데 봉사한 신성한 부부와 동일시되어, 각각 '남자 노인'과 '여자 노인'을 의미하는 오소모꼬(Oxomoco)와 시빡또날(Cipactónal)이라 불렸다.

과거뿐만 아니라 현재에도 여러 이름에 함축되어 있는 이 같은 사제들의 전문적인 활동의 다양성이 전문가들에게 부여되어 왔다. 즉, 사제들은 뜰라마띠니(tlamatini: 철학자) 또는 뜰라마뜨끼(tlamatqui: 현자)로 불린다. 또는 숨겨진 것을 파악하는 능력, 역법을 아는 능력을 나타내거나 특정 신[현재의 기상현상을 통제하는 '아우이소떼(ahuizote)' 같은]에 속해 있다는 사실을 나타내는 이름으로 불린다. 심지어는 오늘날 끼체족의 '아버지들-어머니들'처럼 특정 신들에 홀린 상태를 암시하는 이름으로 명명되기도 한다. 부수적으로, 그들이 지위를 획득한 형태는 전문가들의 그런 다양성에서 유래한다. 신들에게 부여받은 명칭일 경우, 태아가 자궁에 있을 때부터 받을 수 있거나, 이제 성인이 되었을 때는, 꿈에서 지시를 받거나, 기적적인 계시를 통해, 간질 발작을 통해, 몸에 갑작스럽게 나타나는 반점이나 사마귀를 통해, 또는 번개 등을 통해 부여받을 수 있다.

그것이 스스로의 훈련을 통해 이루어진 것이면, 이러한 상황은 오랜 기간의 금욕, 참회, 기도 과정 덕분에 달성된 것이다. 혹은 지식을 통해 이루어졌다면, 앞서 언급한 끼체족 권력자들인 '아버지-어머니'

의 오랜 조련과 유사한 오랜 시간의 배움과 엄격한 훈련 후에 생겼을 것이다. 고대에는 후견인으로부터 물려받은 권력이 모든 국민으로부터 비롯되었다고 여겼다. 끼아우이스떼까(Quiahuizteca)와 말리날까(Malinalca)는 위험한 주술사였다. 주술사의 지위를 얻는 이와 같은 여러 가지 방법이 오늘날 자주 한 가지로 통합되고 있다.

_ 정경원 옮김

제5장
신화

1. 신화의 본성

우리가 신화 연구에 모델 하나를 적용하려고 한다면, 제프리 커크[1]가 만든 접근 방식을 따르는 것이 타당하다. 그는 다양한 문화권에서 유사한 관심사를 표현하는 것이 그 문화권 사이의 차이만큼 달라진다는 사실을 잊은 채 단 하나의 보편적인 이론을 토대로 삼는 것이 타당한지 의심했다.[2]

---

[1] 제프리 커크(Geoffrey Stephen Kirk)는 고대 그리스 문학과 신화에 관한 저술로 유명한 영국 학자다.

[2] "내가 지적하려고 했던 것은 …… 허위적인 관심을 끈덕지게, 왜곡되게 적용하려는 것인데 …… 그것은 신화가 각기 다른 문화에서 동일한 특성을 지닌 폐쇄적인 범주라는 것이다. '서로 다른 문화는 서로 다르다'는 사실, 인류의 공통적인 관심사(자신의 탄생과 죽음, 음식 섭취와 섹스, 전쟁과 도구들)는 각 문화권에서 동일한 방식으로 표현되지 않는다는 사실을 기억하는 것이 매우 중요하다"[Geoffrey. S. Kirk, 『신화(Myth)』(Barcelona: Barral, 1971), pp.42~43].

이런 충고에 따라 메소아메리카 전통의 신화를 연구하기 위한 이론적인 도구가 만들어졌다. 그 도구를 어떻게 만들어야 할지 계획을 세울 때, 막연히 '신화'라고 명명된 산물을 찾기 위해서는 앞서 언급한 메소아메리카의 전통적인 문화유산에 도움을 구하는 것이 좋다. 이때, 어떤 효율적인 개념을 만드는 데 필요한 요소들을 추상할 수 있게 해주는 공통 요소들이 그 산물 안에 있는지 검증해야 한다. 다른 공식에서처럼 집단들에서는 "범위가 클수록 이해도가 떨어지고, 그 반대도 가능하다"라는 사실을 상기하기 위해 시리아 출신 철학자 포르피리오스[3]의 옛 규칙을 언급할 필요가 있다. 분석된 문화유산에서 이해(어느 집단의 의미가 명료한 특징 또는 특성들의 집합)와 범위(어느 집단을 구성하는 요소들의 양)의 최대 수준에 도달하기 위해, 그리고 공통적이지 않은 특징들뿐만 아니라 그 특징들을 포함하지 않은 요소들을 제거하기 위해 이해와 범위가 균형을 이루어야 한다.

필자가 개념을 만들어내려고 애초에 고려했던 메소아메리카의 문화적 산물의 많은 부분에서는 세상이 창조되는 동안 에꾸메노에서 안에꾸메노적 인과관계가 중요한 비중을 차지했다. 이런 점 때문에 필자는 설령 그것이 신성한 것이나 성스럽게 보이는 것, 경

---

3 티로스의 포르피리오스(고대 그리스어: Πορφύριος)는 3세기의 신플라톤주의 철학자다. 그는 신플라톤주의의 창시자인 스승 플로티노스의 사상을 집대성한 논문집 『엔네아데스(Enneades)』를 출간했다. 그가 다룬 주제는 호메로스 서사시와 같은 서양 고전부터 철학, 논리학, 수학 같은 학문, 그리고 기독교, 미트라교 등의 종교와 채식주의에 이르기까지 광대하고 다양하다.

이로운 것이나 기적적인 것이라 할지라도, 그 인과 관계를 지표로 가지지 않은 것들은 배제할 수밖에 없었다.

그 과정에서 신화라고 명명된 것들(메소아메리카의 전통에서뿐만 아니라 세계의 다른 전통에서) 사이에는 아주 다른 성격의 실체들, 즉 이야기, 신앙, 현실의 독특한 유형, 인식의 형식, 표현의 형식(논증적인 것들 포함), 논리 체계 등이 존재한다는 사실을 고려할 필요가 있었다. 앞서 언급한 인과 관계에 부합하지 않는 것을 배제한 뒤에 남은 유용한 재료는 아주 심각한 난점을 드러냈다. 그 재료에서 각기 다른 두 집단이 형성되었는데, 둘 모두가 아주 중요하기 때문에 어느 것도 배제하라고 권할 수 없었다. 하나는 신앙의 집단이고 다른 하나는 이야기의 집단이다. 이 두 집단은 자체의 특징들 안에 내적인 일관성이 있기 때문에 두 집단의 특수성을 제거하려고 둘을 융합하는 것 또한 신중하지 못하다. 다른 한편으로 두 집단은 상호 간에 대단히 의존적이기 때문에 두 개의 분리된 개념을 만들 필요가 없다. 해결책은 각기 다른 두 개의 핵심 요소를 지닌 단 하나의 개념을 제시하는 것인데, 그 두 개의 핵심 요소 사이에는 상호 의존적인 관계가 존재한다. 이 개념 속에서 개별적인 특성을 지닌 두 집단의 영향력이 유지된다.

2. 메소아메리카 전통에서 신화를 정의하고 나서

이 두 핵심 요소의 존재를 인식하게 되면, 메소아메리카의 전통

박스 5-1 안에꾸메노의 존재

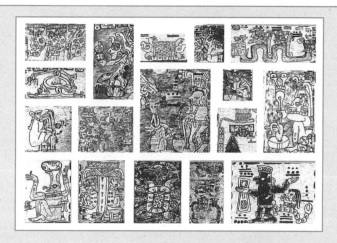

이 그림은 마드리드 고문서(Códice Madrid)에 등장하는 인격화된 존재, 동물, 식물, 괴물 형상의 특징을 띤 안에꾸메노의 존재에 관한 것이다. 그럼에도 이 존재들은 모두 인간적인 특성과 더불어 의인화되어 있는데, 이 인간적인 특성 가운데 생각과 언어는 인간이 사회에서 지닌 생각, 언어와 유사하다. 이 존재들은 인간 사회에서 일어날 수 있는 사건과 관련되어 있다.

에서 신화를 사회적 사고(思考)에 기반해 만들어지는 역사적 사건이라고 정의할 수 있는데, 이 사건은 긴 시간의 연속성에 내재되어 있으며, 원시시대 세상 만물의 기원과 형성에 관한 신앙과 이야기로 구성된다. 신화에 관한 정의를 만든 접근방식에 의거하자면 이 공식은 하나의 보편적인 특성을 추구하지 않는다. 만약 이 공식이, 예를 들어 그리스의 전통 같은 다른 전통에 적용된다면, 그런 전통에서 나온 이야기의 상당 부분이 필자가 이 책에 특징을 제시한 그 집단과는 잘 들어맞지 않을 것이다.[4]

천지창조에 관한 유력한 개념은(신성이 세상을 창조한 순간부터 세상 만물은 그 아이디어에 부합하는 근본적인 특성을 띤다) 이 책의 이전 장들에 기술된 우주적 맥락 속에 들어가야 한다. 신, 과정적 시간-공간에 있는 가변적인 존재는,[5] 그들이 상호 관계를 맺기 시작하면서부터 피조물이 세상의 시원적 순간에 가져야 했을 특징을 획득해 간다. 이런 과정은 모험의 미학적 덮개를 쓴 신화적인 이야기에 묘사되어 있고, 그 신화적인 이야기에서 신은 이야기의 등장인물처럼 자신들끼리 인간 사회에서 이루어지는 관계와 아주 유사한 관계를 맺는데, 이는 자주 극단적인 감정과 극적 흥미로 유도하는 사회적이거나 반사회적인 심리학적 동기를 포함한다. 의인법에 의해 인간화된 신은 이야기책의 등장인물로서(인격화된 존재건 아니건, 여러 번 변형을 하게 되는) 그들과 더불어 이야기가 전개된다. 그렇기 때문에 그 신이 인간처럼 언급된다고 해도 특이하지 않다. 하지만 이야기에서 신은 자주 자신들이 만들게 될 세상 것들을 암시한다. 그렇게 해서 인간-메추라기 또는 인간-개미가 언급되는데, 이때 인간의 성질은 명칭과 더불어 그들의 의인화된 인격에 따라 정해지고, 그들의 동물적 성질은 세상에서 그들의 운명을 현시하다. 그들이 행하는 신화적 사건은 모험이다. 그 사건은 연속성(전후)과 논리적 관

---

4 메소아메리카의 전통에서 신화의 개념을 설정할 때 두 개의 커다란 핵심 요소가 나타난다. 하나는 신앙에 의해 형성된 것이고, 다른 것은 이야기에 의해 형성된 것이다. 이 두 가지 핵심 요소는 세상이 만들어지는 과정에서 안에꾸메노와 에꾸메노 사이의 인과관계를 따른다. 두 핵심 요소는 다른 형태와 성질을 가지나 밑바탕에서는 서로 의존적이다.

5 가변적인 존재(El ser proteico)는 형태 또는 외형을 쉽게 바꿀 수 있는 존재다.

표 5-1 신화적 시간-공간

신화적 차원		에꾸메노(세상)
준비를 위한 과정적 영역	경계적 영역	
과정적 시간-공간 속에서 신, 가변적인 존재는 상호 관계를 맺기 시작하면서 세상의 원시적 순간에 피조물이 갖게 될 변별적 특징을 획득해 간다.	신앙: 신의 가변적인 특징이 끝난다. 세상 창조의 순간을 위한 준비와 배치를 뜻한다.	지하 세계로 보내진 대다수의 신은 영혼을 지닌 피조물로 변해 세상에 자리 잡는다. 그와 더불어 삶/죽음의 주기를 시작한다.
과정은 모험 같은 이야기에 기술되어 있는데, 그들 모험에서 신들은 이야기의 등장인물처럼, 인간 사회에서 이루어지는 것과 아주 유사한 관계를 서로 간에 맺는다.	이야기: 태양 빛은 신의 결정적인 특성을 강화하기 위해 신들을 고체화한다. 태양은 신을 에꾸메노(세상)로 이동시키기 위한 법을 선포함으로써 그들을 미리 죽음의 지역으로 보낸다.	피조물은 변할 수 없는 본질적인 형태와 특성을 지닌 존재로 세상에 나타난다.

계(인과)로 이루어진다.

(이미 살펴보았듯이) 신화적 시간-공간은 과정적이고 경계적인 시간-공간으로 분리된다. 과정적인 시간 동안 신들은 결정적인 고정 상태를 원하고 마침내 가변적인 성질을 잃는다. 경계적인 시간에서는 신화적 시간-공간과 현세적 시간-공간 사이의 연결뿐만 아니라 통행도 준비된다. 과정적인 시간의 끝에서 태양은 자신의 광선으로 신의 결정적인 특성을 강화하기 위해 신을 '말린다'. 태양은 신을 세상으로 내던지는 무시무시한 법을 선포하는 존재로서 그들이 세상으로 가서 머물고, 삶과 죽음의 주기로 들어가는 것을 관장한다. 이런 식으로, 온전한 신화적 시간-공간은 세상에 존재하는 것의 모든 형태를 설명하는 바탕이 되고, 세상에 존재하는 것은 신화적 모험의 논리적인 토대에서 이해될 수 있다.

◆ 메소아메리카 신화 ◆

세상은 누가 어떻게 창조했는가?

또나까떼꾸뜰리(Tonacatecuhtli)와 또나까시우아뜰(Tonacacíhuatl)의 자식인 네 형제 신[뜰라뜰라우끼 떼스까뜰리뽀까(Tlatlauhqui Tezcatlipoca), 야야우끼 떼스까뜰리뽀까(Yayauhqui Tezcatlipoca), 께찰꼬아뜰(Quetzalcóatl), 오미떼꾸 뜰리 우이칠로뽀츠뜰리(Omitecuhtli Huitzilopochtli)]는 태어난 지 600년이 지났 을 때, 넷이 모두 모여 해야 할 일을 처리하면서 법을 만드는 것이 좋겠다고 말 했다.

그래서 형제 신은 께찰꼬아뜰과 오미떼꾸뜰리 우이칠로뽀츠뜰리에게 나머지 둘의 견해와 의뢰에 따라 그 일을 처리하도록 위임했다. 위임을 받은 두 신은 그 후 불을 피우고 작업을 진행해서 반(半) 해를 만들었는데, 온 해가 아니었기 때 문에 빛을 조금밖에 비추지 않았다.

그때 두 신은 남자 하나와 여자 하나를 만들어 남자는 우수무꼬(Uxumuco), 여 자는 시빡또날이라 불렀다. 신들은 두 사람에게 땅을 경작하라고 명령하고, 여자 에게는 실과 베를 자으라고 했다. 그러고서 두 사람에게서 인간이 태어날 것인 데, 그들더러 게으름을 피우지 말고 늘 일을 하게 하라고 당부했다.

신들은 시빡또날에게 옥수수 알갱이 몇 개를 주면서 알갱이로 병을 치료하고 예언과 주술을 행하라고 시켰고, 그래서 오늘날 여자들도 옥수수 알갱이를 사용 해 그렇게 한다. 그러고서 신들은 날을 만들고, 날을 분배해 달을 만들어 각 달 에 20일을 할당하고, 그래서 1년에 18개월, 360일을 갖게 되었다.

신들은 남편 믹뜰란떼꾸뜰리(Mictlantecuhtli)와 아내 믹떼까시우아뜰 (Mictecacíhuatl)을 만들었는데, 이들은 지옥의 신이어서 신들이 그들을 지옥에 데려다 놓았다. 그러고서 하늘을 13개 층까지 만들고, 물을 만들어 물에서 물고 기 한 마리를 길렀다. 시빡뜰리(Cipactli)라 부른 그 물고기는 악어와 흡사했는데, 그 가죽으로 땅을 만들었다.

그리고 물의 남신과 여신을 만들기 위해 네 신이 모두 모여 뜰랄떼꾸뜰리

(Tlaltecuhtli)와 그의 아내 찰치우뜰리꾸에(Chalchiuhtlicue)를 만들어 둘을 물의 신으로 키웠고, 물이 필요할 때는 이들에게 물을 요청했다.

물의 신에 관해 말하자면 그 신에게는 방이 네 개 딸린 집 한 채가 있고, 커다란 마당 한가운데 물이 담긴 커다란 진흙 대야 네 개가 있다. 대야 하나는 성능이 아주 좋아서 옥수수와 다른 씨앗을 키울 때 이 대야에서 비가 내리는데, 비는 좋은 시기에 온다. 다른 대야는 성능이 좋지 않기 때문에 비가 내릴 때 물로 옥수수에 거미집을 만들고, 하늘에 구름이 낀다. 다른 대야가 비를 내리면 세상이 차가워진다. 다른 대야가 비를 뿌리면 열매가 여물지 않고 말라버린다.

이 물신은 비를 뿌리기 위해 몸집이 작은 대신들을 많이 양성했는데, 대신들은 앞서 언급한 그 집의 방들에 있다. 대신들은 큰 그릇으로 대야에서 물을 퍼 담고, 한 손에는 몽둥이를 들고 있는데, 물의 신이 대신들더러 어떤 곳에 물을 뿌리라고 명령하면 그릇과 몽둥이를 들고서 명령에 따라 물을 뿌린다. 천둥소리가 나는 것은 대신들이 몽둥이로 그릇을 부술 때이며, 번개가 칠 때 번개는 그들이 몸속에 품고 있던 것이거나 부서진 그릇의 일부다.

나중에 네 신이 모두 함께 모여 있을 때 그들은 물고기 시빡뜰리로 땅을 만들어 뜰랄떼꾸뜰리라 부르고 시빡뜰리를 땅의 신으로 그렸는데, 물고기로 땅이 만들어졌기 때문에 그 신은 어느 물고기 위에 누워 있다. _ **나우아족의 신화**

여신 뜰랄떼꾸뜰리

두 신 께찰꼬아뜰과 떼스까뜰리뽀까가 여신 뜰랄떼꾸뜰리를 하늘에서 내려보냈는데, 여신은 모든 관절 부위가 눈과 입으로 가득 차 있었기 때문에 야수처럼 씹을 수 있었다.

여신이 하늘에서 내려가기 전부터 하늘 밑에는 이미 누가 만들었는지 모를 물이 있었기 때문에 여신은 물 위를 걸었다.

그것을 본 두 신이 서로 말했다. "땅을 만드는 것이 낫겠어요."

두 신은 이렇게 말하고서 커다란 뱀으로 변해, 두 신 가운데 하나가 오른손으로 여신의 왼발을 잡았고, 다른 신이 왼손으로 여신의 오른발을 잡았다. 두 신이 여신을 세게 잡아당겨 반으로 쪼갠 뒤에 등의 반쪽으로 땅을 만들고 나머지 반쪽은 하늘로 올렸는데, 그 사실을 안 다른 신들이 대단히 부끄러워했다.

이렇게 되자 두 신은 여신에게 끼친 피해를 보상하기 위해 모든 신이 하늘에서 내려와 여신을 위로하고 인간의 삶에 필요한 모든 산물이 여신에게서 나오게 하도록 조치했다. 그렇게 하기 위해 신들은 여신의 머리카락으로 나무, 꽃, 풀을 만들고, 여신의 살갗으로 아주 작은 풀과 작은 꽃을 만들고, 여신의 눈으로 우물과 샘과 작은 동굴을 만들고, 입으로 강과 큰 동굴을 만들고, 코로 계곡과 산을 만들었다.

여신은 인간의 심장을 먹고 싶어서 밤에 가끔 울었는데, 인간이 여신에게 심장을 바치지 않으면 울음을 그치지 않았고, 자신의 몸이 인간의 피로 적셔지지 않으면 인간에게 산물도 주려 하지 않았다. _ **나우아족의 신화**

3. 신화-신앙[6]의 특징

우주의 구조와 역학에 관한 신앙의 상당 부분은 우주의 각기 다른 시간-공간적 영역에서 이루어지는 인과율적 과정에 관한 것이다. 그렇게 되는 첫 번째 원인('유일한 신성'을 시간과 공간이 구분된 때부터 활동하게끔 만든 동기와 작용)은 상상할 수 없다. 하지만 두 개의 페르소나로 신성한 분리가 이루어지고부터(두 개의 상보적이고 대립적인 원칙이 존재하고부터) 우주의 역학은 사건들을 연결해 갔고, 더 나아가

---

6   신화는 어느 문화 또는 공동체의 신앙 체계에 속하는데, 그 문화나 공동체에서 신화는 진짜 이야기처럼 간주된다.

시간과 공간의 각기 다른 영역을 연결해 갔다. 연결은 명백하다. 즉, 신앙은 인간이 세상에서 발견하거나 발견했다고 믿는 인과율적 연쇄에 관해 설명해 주는데, 다양한 기원에 관해 알려주는 태고의 연쇄작용이 어떠했는지 알아내려고 할 때 부딪히는 현세의 장벽을 그 설명과 함께 넘을 수 있다. 그렇게 해서 인간은 자신의 경험에 대한 기준을 세운다. 인간은 자신의 경험과 더불어 모든 존재의 본성을 설명하고, 그들 존재를 각각의 분류함에 분리한다. 그 모든 존재(실제적인 것과 상상된 것)의 상호 관계는 우주가 형성되고부터 존재하는 차이에 기반하고, 그렇기 때문에 세상에서 이루어지는 일은 반드시 다른 시간-공간에서 상보적 대립을 통해 이루어졌던 일이 연장된 것이다.

인류의 어떤 작품이 이런 지식을 포함하고 있을까? 이런 지식을 개별 작품만이 아니라 모든 작품이 포함하고 있다. 신앙의 범위는 우리의 심리적 활동의 범위와 일치한다. 신앙은 우리의 사고, 바람, 희망, 갈망을 포함한다. 심지어 신앙은 우리의 지각 작용의 전제 조건이다. 신앙은 세상만사를 이해하기 위한 문화적 열쇠를 소유하고 있을 모든 사람에게 보내는 메시지로서, 우리 인간이 만들어놓은 것들에 새겨져 있다. 호세 오르떼가 이 가셋[7]은 확언했다.

---

7   호세 오르떼가 이 가셋(José Ortega y Gasset)은 현대 에스파냐가 낳은 세계적인 철학자이자 탁월한 문화비평가로, 특히 대중문화 연구에서 영향력 있는 글을 남겼다. 프리드리히 니체(Friedrich Nietzsche)와 현재의 실존주의 철학자들의 중간쯤에 위치하는 철학자로, 그의 사상은 관념주의적 '생의 철학'에 기반을 두었다.

"우리가 신앙을 가진다는 차원을 넘어 우리 자체가 신앙이다." 신앙은 우리가 어느 객관적 실재와 맺은 선택적 관계의 상당 부분을 차지하는데, 우리는 정신적인 방법이 아니라 신앙을 통해 그 객관적 실재에 도달할 수 있다. 그 이유는, 신앙의 표현 형식이 상상할 수 없을 정도로 다양하기 때문이거나 우리의 존재와 우리가 만들어놓은 것들에 편재하기 때문이다.

앞서 언급한 사실 때문에 신화의 두 핵심 요소 사이의 첫 번째이자 거대한 차이가 발생한다. 다시 말해, 신앙이 실질적으로 잡을 수 없고, 편재하고, 경계를 정할 수 없고, 무수한 경로로 표현된다면, 이야기는 텍스트적 본성에 따라 구체적이고 명확하게 표현되기 때문에 그 의미를 해석할 수 있다. 실제로 신화는 열리고, 발전하고, 완성되고, 닫히면서 집단적으로 분석되고, 측정되고, 평가될 수 있는 하나의 총체를 만들어낸다. 신화는 특정할 수 있는 시간, 특정할 수 있는 장소에서 생산된다.

4. 텍스트로서의 신화 이야기

많은 전문가가 신화 텍스트를 정의하려는 시도를 해왔고, 그래서 신화 텍스트의 본성을 이해하고 다음과 같이 지적할 수 있다.

① 어떤 소통 기능을 갖춘 구어적 표현이다.
② 신화 텍스트는 문학적 규범, 전통, 상상력 같은 텍스트 외적

현실과 연계되어 형성되는 내적 관계들의 체계다[유리 로트만
(Yuri Lotman)].

③ 일련의 병치된 문장도 아니고, 그 문장의 의미를 모아놓은 것
도 아니고, 포괄적인 의미와 더불어 각기 다른 수준의 상호 관
계로 이루어진 복잡한 구조의 망이다[헬레나 베리스타인(Helena
Beristain)].

④ 신화 텍스트는 자치적이고 폐쇄적인 것이다[오스왈드 디크로와 츠
베탕 토도로프(Osvald Dikro and Tzvetan Todorov)].

⑤ 고유의 목적, 통일된 의미가 있고 구체적 맥락을 통해 드러난다.

⑥ 마지막으로, 앞에서 언급한 의미는, 어느 문장 또는 책 한 권에
들어 있을 수 있기 때문에 반드시 특정 범위에 제한되어 있지는
않다. 따라서 그 의미를 간결하게 표현한 예로서 다음과 같은 단
순한 문장을 발견하는 것은 다반사다. "잔디 조심해요", "불이
야!"라는 경고의 목소리인데, 그 이유는 이 두 표현이 온전하고
단호한 메시지를 포함하기 때문이다.

신화 텍스트는 연속성(전후)과 논리적 관계(인과)를 지닌 사건들
의 연관을 서술하기 때문에, 하나의 이야기다. 신화 텍스트는, 발
화자가 가끔 의태적 요소 같은, 각기 다른 본성을 지닌 요소들의
도움을 받는 것과 무관하게 표현이 주로 구어적(口語的: verbal)이기
때문에 하나의 이야기다. 신화 텍스트는 글로 기록될 수 있다는
점과 무관하게 사람들 사이에서 구체화되는 것이기 때문에 구술
적(口述的: oral)이다. 마지막으로, 그 텍스트의 미학적 가치로 인해

사회적으로 인정받기 때문에, 문학적이다.

신화의 구술성과 관련해 구술 전승의 저명한 학자들 가운데 하나인 얀 반시나[8]는 전통이 공공 영역에 속할 때가 아니라 비전(秘傳)적인 지식을 이룰 때 신화의 구술성이 아주 대단한 특혜를 받는다고 생각했다는 사실을 언급할 필요가 있다. 하지만 이런 견해는 신화에 적용될 수 없다. 왜냐하면 신화 이야기를 전문적으로 하는 사람이 사회 집단에서 인정받은 권위자라는 사실은 차치하고, 좋은 신화 이야기는 공동체에서 널리 알려져 있고, 그 이야기를 반복하는 것이 지루한 행위이기는커녕, 이야기하는 사람의 이야기 솜씨에 따라 어떤 미학적인 만족감을 준다는 것은 당연한 사실이기 때문이다.

다른 한편으로, 신화의 미학적 수준은 수신자가 신화의 생산과 사용이 이루어지는 인간 사회의 문화 속에서 소유한 공감의 수준에 따라 달라진다. 신화의 미학적 수준은 신화의 심오한 의미를 이해한다고 높아지는 것이 아니라 그 사회의 전통을 만들거나 수용하는 꼬스모비시온에 따라 개개인을 교육함으로써 높아진다. 신화의 미학적 자질과 논리적인 부분은 청자로 하여금 다른 시간-장소의 고유한 개념을 이해하도록 정신적인 방식을 통해 인도한다. 신화에서 비유(比喻)는 화자와 청자에게 공통적인 성스러운 사실로 바뀌는데, 그런 사실은 태초부터 세대를 통해 전승되도록 선조들에게서 물려받은 신성한 유산의 일부다.

---

8   얀 반시나(Jan Vansina)는 벨기에의 역사가이자 인류학자로, 중앙아프리카 역사의 권위자다.

신화(감성과 이성)는 수신자에게 반드시 숨겨진 사실을 밝히지는 않지만, 신화 자체의 원칙들을 재확인해 준다는 느낌을 수신자에게 유발하는데, 그 이유는 신화가 지닌 최대의 추상성과 구체적인 현실이 맺은 관계로 인해 형성된, 아주 독특한 영역을 점유하는 꼬스모비시온의 총체적인 망을 넌지시 보여주는 뛰어난 표현이기 때문이다.[9]

5. 신화의 구성

신화의 저자는 과연 누구인가 하는 질문이 호기심 많은 사람들 사이에서 끊임없이 나온다. 호메로스와 헤시오도스 같은 유명한 신화 작가-시인이라는 견해에서부터 어느 창의적인 공동체가 배출한 미지의 가수라는 견해, 또는 신화 텍스트가 그냥 생겨난 것이 아니라고 하면서 이야기하는 사람이 끊임없이 첨가, 채택 또는 삭제한 결과라는 견해에 이르기까지 다양하다. 신화의 저자가 누구

---

9 메소아메리카 전통에서 신화적 장르의 특징: ① 구어적인(verbal) 측면에서 신화는 온전한 의미가 구술적인(oral) 형식에서 충족되는 텍스트다. ② 구문론적 측면에서 논리적인 순서와 시간적인 순서에 따르는 이야기(relato)다. ③ 의미론적 측면에서는 진짜라고 간주되는 내용을 갖고, 두 개의 공간-시간적 차원(신화적 차원과 에꾸메노적 차원)이 연결됨으로써 이루어지는 '개시'를 암시한다. ④ 사회적으로 구체화될 때는 특정한 사회적 조건이 필요하다는 사실을 알 수 있는데, 이들 조건은 일반적으로 신화를 이야기하는 사람이 자신의 기능을 완수하도록 허용해 준다.

인가 하는 질문에 대해 확실하게 대답하는 것은 불가능하고, 다음과 같은 상투적인 문장으로 귀착되고 만다. "신화의 기원은 시간의 어둠 속으로 사라진다." 반면 여러 가지 가정을 해보는 것이 가능하기 때문에, 나는 신화의 변화에 관한 연구와 새로운 신화들(사탕수수 신화가 그러했듯이 유황 왕 신화, 석유 주인 신화 또는 이국적인 식물의 아버지·어머니 신화)이 임의적(任意的)인 형식으로 나타나는 것에 관한 연구는, 아주 모호한 핵심 요소, 즉 아마도 어떤 것을 보호해 주는 신성이 있을 것이라는 전제와 그 신성이 신앙으로 바뀌었고, 그 과정에서 새로 만들어진 것이건 다른 신화들에서 나온 것이건 에피소드들이 서서히 추가되었다는 가정을 기반으로 이루어졌다고 말할 수 있으리라 생각한다.

이런 가정은 신화가 자유로운 상상을 통해, 또는 꿈속 장면에서 본 어느 존재는 그 어떤 논리와 법칙에도 따르지 않기 때문에, 꿈이 지닌 임의성을 통해 만들어진다는 가능성을 상정한다. 하지만 실제로는 그렇지 않다. 신화의 형성은 신화의 본성과 기능에 의해 이루어지는데, 그래서 신화는 어떤 규범을 따르고, 신화의 사회적 효용성은 그 규범에 의해 좌우된다. 앞에서 언급했다시피, 우주의 변화 과정을 기술하는 것이 신화의 토대가 된다. 그런데 어떻게 그렇게 할 수 있는가? 신화를 만드는 아주 다양한 요소 세 가지를 기술하자면 다음과 같다. ① 우주의 법칙에 종속되며, ② 창조의 우주적 절차를 따르며, ③ 신이 만들어지고 변형되고 세상에 정착하는 과정을 언급하는 모험에 대한 이야기, 요컨대 신화의 기능은 사회적인 삶에서 아주 중요하기 때문에 신화의 창조는 신화의 적

정성을 허용해 주는 수많은 법칙에 의해 이루어진다. 신화 작가-시인의 넘치는 환상은 낭만적인 꿈일 뿐이다. 신화-신앙, 신화-이야기 사이에 존재하는 관계까지도 논리적으로 구조화된 내용과 모험의 메커니즘에 의해 일깨워진 어떤 감정의 균형을 늘 유지해야 한다. 내용과 감정은 불가분의 관계가 된다. 이성과 감정은 앎의 형식이 효율적으로 전달되도록 하는 데 필요한 재료다.

  신앙과 이야기가 앞에서와 같은 이유로 융합되는 것은 아니다. 이 둘은 신화를 만드는 데 적용되는 공통적인 규칙과는 구별되는 가지각색의 수많은 특별 규칙을 가진다. 예를 들면 다음과 같다. 신앙인데, 그러니까 설령 적당히 일관성이 있다 할지라도 모순을 제거하기 위해 끊임없이 이루어지는 비판을 수용하는 어느 체제에 신화가 들어가야 한다는 논리다. 이야기들, 그러니까 언어학적 규범인데, 이 규범 덕분에 언어가 사회적으로 이해될 수 있다. 문학적 규범인데, 이는 이야기의 전달이 더 효과적으로 이루어지도록 화자와 청자에 의해 암암리에, 그리고 무의식적으로 합의한 어느 장르에 적용된다. 사회적 규범인데, 이는 고대 그리스의 서사 시인에 대한 사회적 인정, 이야기의 분위기, 이야기 범위, 이야기의 수정을 조절한다. 그리고 화자와 청자 사이의 관계, 나아가 신앙뿐만 아니라 표현 같은, 훨씬 더 많은 고유의 규범적인 질서도 포함한다.

6. 메소아메리카의 신화 이야기

메소아메리카의 다양성과 유구한 전통에도 불구하고 신화 서사가 모든 요소를 엄격하게 갖추지는 못했지만, 어떤 의미와 질서를 간직한 형식을 띤다. 이전에 이루어진 작업 덕분에 전형적인 신화의 구조적인 부분에 대한 개요 하나가 만들어질 수 있는데, 이는 이야기의 도입부, 근본이 되는 중심부, 종결부다.

이야기의 도입부는 일반적으로 텍스트의 장르를 공유하도록 초대한다. 하나의 방식을 통해 그런 목적을 달성할 수 있다. 유럽의 동화가 "옛날에"로 시작하는 방식인데, 메소아메리카의 신화에는 늘 이런 문장이 나타난다. "이 이야기는 사실이니까 여러분은 믿어야 합니다", "태초에 우리 조상들이 남긴 이야기입니다."

이야기의 중심부는 주로 모험의 전개와 그 결과를 다룬다. 이전의 결핍된 세상과 세상을 창조하는 과정에서 이루어진 신성한 행위의 결과 사이에 존재하는 차이를 밝히면서 시작한다. 첫 번째로 모험이 시간적·공간적으로 배치된다. 세상에 관해 기술되지만, 이때 세상의 상태는 매우 축축하고 어두웠는데, 그 이유는 지구가 진창이고, 빛이 거의 없고, 지구에 사는 존재들은 불안정한 상태에서 동물처럼 야만적으로 행동했기 때문이다. 그다음으로 결핍에 관해 언급되는데, 이 결핍은 신화에 등장하는 신들에 의해 반드시 충족될 것이다. 예를 들어 "아직 불이 없었던 시절에" 같은 것이다. 그러고서 상황을 변화시키는 등장인물(신)들의 모험으로 이루어진 신들의 '정착', 이 신들이 자신의 운명에 따르는 '클라이맥스', 그리

표 5-2 전형적인 신화의 구성 단계

이야기 도입부	1. 청자의 초대	
이야기 중심부	2. 결핍 상태에 관한 언급	① 이야기의 시작 지점 설정 ② 결핍 상태에 관한 명시적 언급
	3. 변화에 관한 이야기	① 등장인물들이 행동을 개시하기에 적절한 시점으로 유도하는 행위
	4. 개시에 관한 언급	② 변화를 하기에 적절한 시점 ③ 개시
이야기 종결부	5. 메시지 강화	① 신성한 행위의 결과 반복 ② 기적의 흔적에 기반한 확인 ③ 마무리

고 피조물이 만들어져 세상에 정착하게 되는 '개시(incoación)'로 이어진다. '개막(apertura)'의 반복이 이 중심 단계를 종료하는데, 이 단계에서 결핍은 '개시'와 더불어 해소되었다고들 말한다.

이야기의 종결부는 다른 방식으로 이루어질 수 있다. 에스파냐의 동화에서 "그래서 행복하게 살았고, 이 이야기는 끝났다"라는 식인데, 메소아메리카의 전통에서는 반복이 하나의 꼬리처럼 이어질 수 있다. "이 이야기는 우리의 첫 번째 부모가 우리에게 물려준 것이기 때문에 여러분은 믿어야 한다." 또는 이와 유사한 문장을 사용한다. 가끔은 신화의 무대가 되는 지리적인 흔적이 보인다.

앞에서 소개한 것은 하나의 모델일 뿐이다. 주 신화에 원인론적인 짧은 이야기를 덧붙이거나, 주 신화에서 짧은 이야기들이 파생되거나, 짧은 이야기가 자신을 드러내기 위한 기회로 활용하기 위한 존재처럼 작용하는 경우가 다반사다. 일반적으로 그 모든 것은 중심 메시지에 미학적 색조를 입히는 데 기여하는데, 이런 짧은 이야기들은 형체가 완성될 시점에 이른 등장인물에게 행하는 '마지막 붓질' 역할을 한다. 즉, 어느 비둘기의 빨간 다리, 소뻴로떼의 빨간 머리, 고함원숭이의 일종인 원숭이의 하얀 음낭 같은 것이다. 다들 인간의 이 '마지막 붓질'을 피하지 못한다. 치난떼꼬[10] 사람들에 따르면 태양이 사제와 더불어 돌아왔을 때 달의 얼굴 주변에 물이 있었는데 달이 자신의 윗입술에 작은 구멍을 만들어 그 물을 마셨다는 사실을 알게 되었다. 그때부터 사람들은 종의 변별적 특징으로서 인중(人中)을 갖게 되었다. 이것은 우리 인간 종의 의심할 수 없는 변별적 특징이다. 산 세바스띠안 뜰라꼬떼뻭[11]의 나우아 사람들은

박스 5-2 신화와 이야기 유형

① 종속된 이야기

주 이야기에 등장하는 아주 중요한 존재들이 종속된 이야기에도 등장한다. 그들의 행위는 일반적인 장면과 쉽사리 구분되지 않는다. 주 이야기와 독립적인 '개시'가 겨우 식별된다. 독립적인 '개시'는 주 '개시'가 속해 있는 우주적 집합체에 내재된 어떤 것이다. 독립적인 '개시'를 포함하는 것이 필수는 아니지만 아주 적절한 것이고, 결국 이 둘을 결절하는 사안을 이해하는 데 유용하다.

사례: "어머니 대지가 출산하면서 죽어갈 때 소뻴로떼(zopilote: 콘도르의 일종)가 어머니 대지의 배를 갈라 자식인 태양과 달을 꺼냈다. 어머니는 죽었으나 자식들은 살아났다. 소뻴로떼의 머리가 붉어졌다."

10　치난떼꼬(chinanteco)는 멕시코의 오아하까주와 베라끄루스(Veracruz)주에 거주하는 원주민이다.

11　산 세바스띠안 뜰라꼬떼뻭(San Sebastián Tlacotepec)은 메히꼬의 뿌에블라(Puebla)주에 있는 마을이다.

② 파생된 이야기

신화에 등장하는 인물 하나가 중요하건 중요하지 않건 간에 어느 모험에 참여하는데, 그 효과가 직간접적인 형태로 주 이야기에 기적적으로 이어지도록 유도된다. 하지만 파생된 이야기의 개별적인 '개시'는 캐릭터의 종(種)하고만 관련되어 있다. 이 이야기는 불필요한 경우가 많거나 동등한 에피소드로 쉽사리 대체될 수 있다.

사례: "홍수가 끝났을 때, 대지가 말랐는지 보려고 비둘기 한 마리를 보냈다. 비둘기는 물에 빠져 죽은 사람들의 시체 위에 앉았고, 비둘기 다리가 시체에서 나온 피로 붉어졌다."

③ 부수적인 이야기

부수적인 이야기에서는 주 이야기와 무관한 등장인물들을 영웅으로 취급한다. 이들은 지각의 경계 지점에 도달할 때 모험을 하면서 공헌하기 위해서라기보다는 신화적인 이야기를 이용하기 위해 부수적인 이야기에 등장하는, 늘 그렇듯 별로 중요하지 않은 인물이다. '개시'는 이들 등장인물의 종(種)하고만 관련되어 있다. 그들의 모험은 별로 중요하지 않고, 그 모험에서는 오락거리가 주를 이룬다.*

사례: "홍수가 일어났을 때 배가 물에 떠다녔는데, 고함원숭이 한 마리가 뱃전에 앉았다. 물이 고함원숭이의 음낭을 적시자 음낭이 하얗게 변했다. 그래서 오늘날 두 종류의 고함원숭이가 존재한다. 하얀 음낭을 가진 것과 검은 음낭을 가진 것이다."

* 신화적인 이야기에는 그보다 작은 신화가 첨가될 수 있는데, 이 작은 신화들은 주 텍스트를 설명하거나 보충하는 것도 있지만, 중요하지도 않고 그저 주 텍스트의 겉치레가 되거나 호기심을 유발하려고 첨가되는 것도 있다.

치난떼꼬 사람들과 견해가 일치하는데, 그들은 인중이 진흙을 빚어 만든 여전히 축축한 인간의 윗입술 위에 옥수수 씨앗이 남긴 흔적이라고 확신한다.

태양과 달

다소 반항적인 소년과 소녀가 있었다. 둘은 들판에서 일을 하던 할아버지를 보러 가서는 할머니의 심부름으로 왔다면서 할아버지의 음식을 준비할 테니 할아버지더러 더 서둘러 일을 하라고 말했다. 두 사람은 할아버지가 이미 피곤한 상태여서 일을 서둘러 할 수 없다는 사실을 알았다. 그러자 할아버지는 손주들더러 자기를 도와달라고 요구했다. 손주들은 할아버지의 요구가 싫었고, 또 할아버지가 몹시 노쇠하다는 사실을 알고서 할아버지를 죽이려고 작정했다. 할아버지를 죽여서 아무도 알아보지 못하게 벌통에 넣어 매장하기로 했다.

할아버지를 죽인 뒤 강낭콩을 조리하기 시작했는데, 강낭콩이 끓기 시작하자 솥 뒤쪽에서 다음과 같은 소리가 들려왔다. "너희는 할아버지를 죽이고, 할아버지를 잡아먹는구나." 깜짝 놀란 두 사람은 자신들이 발각되기 전에 그곳을 떠났으나 그사이에 할머니가 그곳에 도착해 강낭콩 솥에서 들리는 소리를 들었다. 할머니는 남편이 손주들에게 살해당했다는 사실을 알고서 부리나케 손주들을 뒤쫓았다.

아이들은 들판을 통해 도망치느라 이제 피곤해졌고, 아주 가까이 쫓아오는 할머니를 보고서 어느 두더지의 주둥이 속으로 들어갔다. 아이들이 그곳에 숨은 뒤 할머니가 두더지에게 아이 둘이 지나가는 것을 본 적이 있느냐고 묻자 두더지는 전혀 본 적이 없다고 대답하면서 할머니더러 계속 찾아보라고 했다. 할머니가 두더지에게 왜 말을 제대로 못하느냐고 묻자 두더지는 어금니가 아파서 입을 벌릴 수조차 없다고 대답했다. 손주들의 발자국이 두더지의 집까지 나 있는 것을 안 할머니는 돌아가는 척하고 몸을 숨겼다.

아이들이 두더지의 주둥이에서 나왔고, 할머니는 여러 곳을 거쳐 손주들을 쫓아갔는데, 손주들이 어느 강변으로 들어갔다. 계속 오빠가 앞서가고 여동생이 뒤따랐다. 오빠는 뒤처져 따라오는 여동생 때문에 자신이 잡힐 수 있다는 생각이 들자 짜증이 났고, 그래서 강 건너편에서 여동생을 기다리는 동안에 여동생을 버려야겠다고 작정했다. 오빠는 여동생이 방해할까 봐 샌들을 벗어 여동생의 얼굴을 때렸는데, 이는 진흙으로 여동생의 얼굴을 더럽혀 자신을 보지도, 따라오지도 못하게 하려는 것이었다.

이제 소년이 땅 끝 부근에 이르러, 할머니가 쫓아올 수 없는 하늘로 먼저 올라갔다. 소녀는 얼굴을 대충 씻어내느라 그만큼 늦어졌기 때문에 소년이 이미 지평선에서 모습을 감추고 난 뒤에 하늘로 올라갈 수 있었다. 달에서 볼 수 있는 얼룩은 오빠가 여동생에게 던진 진흙이고, 그래서 달이 태양보다 덜 밝다. _ 미헤(Mixo)족의 신화

7. 신화와 의례의 관계

신화 또는 의례의 기원에 관한 이론적 논쟁에서는 이론 사이의 일치가 자주 두드러지기 때문에 그 유래를 서로 연계하려는 시도가 빈번히 이루어진다. 일부 학자는 신화가 의례에서 비롯되었고, 의례의 언어적 표현이라고 추론한다. 다른 학자들은 그 반대의 추론을 견지하는데, 언어적 표현이 연극적인 행위로 전이되기 때문에 의례를 만드는 것이 신화라고 주장한다.

메소아메리카 전통의 영역에서 신화 또는 의례의 기원에 관해 무엇을 단언할 수 있겠는가? 신화와 의례가 논리적으로 발전하는 데서 유사한 과정이 감지된다. 의례는 늘 본원적인 시간과 관계가 있는데, 왜냐하면 의례가 세상을 변화시키는 '개시'와 마찬가지로, 지상에서 경과하는 현재 시간과 신화의 영원한 현재를 결합하기

때문이다. 세상이 태동할 때 사용된 것과 동일한 성스러운 물질로 신전을 가득 채운 행위를 통해 어느 신전을 신격화하듯이, 의례 덕분에 작은 기적(잃었던 건강을 되찾은 것이나 밀빠에서 적절한 수확물을 거두는 것 같은 일상적이고 평범하지만 세상에 존재하기 위해서는 필수적인 기적) 또는 크고 영속적인 기적이 이루어진다는 사실을 확언할 수 있다.

신화 이야기에 관해 말하자면, 의례를 통해 표현되는 신화적인 에피소드가 존재한다는 것은 의심할 여지가 없다. 의례에서 행하는 무용에 등장하는 인물들은 신화 이야기에 등장하는 인물들인 경우가 다반사다.[12] 에두아르트 셀러[13]는 뗌쁠로 마요르(Templo Mayor: 대신전)에서 행한 꼬욜사우끼[14]의 죽음의 연극화에 관해 언급했다. 욜로뜰 곤살레스 또레스,[15] 미겔 레온-뽀르띠야,[16] 헨리. B.

---

12 의례에서 행하는 무용에서는 흔히 신화적 시간-공간의 인물들의 대리자를 만나게 된다. 무용수가 춤을 출 때 이들 신은 무용수가 행하는 무용의 은사를 공물처럼 받는다. 이런 노력은 이 세계의 경계를 넘어 안에꾸메노의 신들에게 선물처럼 도달한다. '노인'을 의미하는 '우에우에(huehue)'라는 이름은 다양한 종류의 피조물을 만든 신들인 '아버지-어머니' 신에게 적용된다. 무용의 의례적 형식은, 지상에서 효과를 거두기 위해 에꾸메노적인 시간을 다른 시간과 연결한다. 동시에 무용수의 행위는 신체적인 노력을 기울여 행하는 작업처럼, 안에꾸메노의 경계를 넘어가는 양식을 만들어 '춤으로 추어지는(danzados)' 신들에게 자양분을 준다.

13 에두아르트 셀러(Eduard Seler)는 독일 출신의 인류학자, 민족학자, 언어학자, 전기학자로, 콜럼버스 이전 시대의 문화를 연구하는 데 폭넓게 기여했다.

14 꼬욜사우끼(Coyolxauhqui)는 고대 아스떼까의 달의 여신으로, 우이칠로뽀츠뜰리의 누이다.

15 욜로뜰 또레스(Yólotl G. Torres)는 멕시코의 인류학자로, 아스떼까 문명, 고대 인도와 동아시아 문명의 전문가다.

16 미겔 레온-뽀르띠야(Miguel León Portilla)는 멕시코 철학자, 역사가로, 나우아

니컬슨[17]은 '빤께찰리스뜰리'[18]의 20일 동안(베인떼나)에 꼬욜사우끼의 죽음에 관한 신화가 연극으로 상연되었다고 주장했다. '에찰꾸알리스뜰리'[19]의 20일 동안에 거행되는 의례에서는 '옥수수 도둑 신화'가 인용된다. 콘라드 테오도르 프레우스[20]는 꼬라족의 미또떼[21]에서 아침의 아기별 '하치깐'[22]의 신화가 연극화된다는 사실을 지적하면서 우리에게 다른 예를 제공한다. 그럼에도 불구하고 앞에서 언급한 것은 의례가 신화에서 비롯되었다는 사실을 뒷받침하는 충분한 논거가 전혀 아니다. 신화와 의례는 꼬스모비시온의 가장 뛰어난 표현이라고 설명하는 것이 더 타당하다. 비록 꼬스모비시온이 사회 활동의 모든 분야에서 (명백하게) 나타난다고 해도, 신화와 의례가 명료하지 않다고 해도, 이 둘은 꼬스모비시온을 가장 완전한 방식으로 밝혀준다. 신화와 의례는 실제로 불명료하지만, 꼬스모비시온의 가장 모호한 부분에서 직접적으로 파생된 것이

문화의 사상과 문학의 전문가다.

17 헨리 니컬슨(Henry B. Nicholson)은 미국의 인류학자로, 아스떼까 문화의 전문가다.

18 빤께찰리스뜰리(panquetzaliztli)는 '깃발 들기'라는 의미로, 나우아족의 365일 달력의 15번째 달이다. 이 달에 아스떼까나 메시까의 신 우이칠로뽀츠뜰리를 기리는 축제가 거행된다.

19 에찰꾸알리스뜰리(Etzalcualiztli)는 고대 멕시코의 달력에서 여섯 번째 달이다.

20 콘라드 테오도르 프레우스(Konrad T. Preuss)는 러시아 출신의 독일 민족학자다.

21 미또떼(Mitote)는 아스떼까족(族)의 무용이다. '꼬라(Cora)'는 멕시코 나야릿(Nayarit)주에 거주하는 원주민 부족이다.

22 하치깐(Hatsikan)은 아침의 별과 동일시되는 문화적 영웅으로, 꼬라족에게 농업과 이와 관련된 의례(미또떼라는 춤)를 소개한다.

다. 신화와 의례의 기원이 공통된다는 것은 이 둘이 유사하다는 점을 설명해 준다. 또, 이 둘이 유사하다는 것은 상호 간의 우발적인 차용을 용이하게 해주는데, 이 둘은 그렇게 서로 차용함으로써 풍요로워진다.

◆ 메소아메리카 신화 ◆

옥수수의 탄생

빠끼따(Pakita)라고 불리는 어느 장소, 즉 조상의 성스러운 집에서 우리의 옛 어머니들, 우리의 조상 사이에서 옥수수가 태어났다.

우리의 조상들은 바다 건너편에서 태어났고, 거기서 세상을 어떻게 만들어야 할지 합의해서 결정했다. 조상들은 다섯 번 길을 떠나고 멈추기를 반복하면서 바다에서 살게 되었다. 마침내 자신들이 어디에 마을을 만들 것인지 다시 의논했다. 그래서 그들은 바다를 건너 반대편 해변에 도달했다. 그곳 동쪽 해변에 이전 마을보다 다섯 배가 큰 마을을 만들었다. 이들이 바로 처음으로 모든 집을, 신성한 집, 신들의 집인 '깔리우에이(calihuei)'를 만든 사람들이다.

그곳 신성한 집에 '늘 자라는 옥수수의 어머니', '옥수수의 젊은 어머니'인 우리의 어머니 꾸꾸루(Kúkurú)가 있었다. 사람들은 식량이 있었지만, 아직 옥수수를 알지 못했다.

가위개미 한 마리가 옥수수를 발견하자 사람들이 옥수수를 훔치기 시작했다. 와까까메(Wakákame)의 마을 사람들도 옥수수를 가지고 싶어 했다. 그들은 개미들을 만나러 가서 개미들이 옥수수 알갱이를 볶는 것을 보았다. 그들이 옥수수를 어디서 가져왔는지 개미들에게 묻자, '깔리우에이'에서 가져왔다고 대답했으나 거짓말이었다.

와까까메가 개미들과 함께 옥수수를 가지러 갔는데, 밤에 길을 가다가 그가 잠든 사이에 개미들이 그의 눈꺼풀을 물어버려서 그가 볼 수 없는 상태가 되었다. 그런데 그가 어떻게 걸어갔을까? 그는 그곳에 머물렀다. 차츰차츰 다시 볼 수 있게 되었다. 그러고서 비둘기 꾸꾸루가 그를 이끌었다. 그러니까, 그가 꾸꾸루를 보았을 때 꾸꾸루가 날아가 버렸다. 와까까메는 꾸꾸루가 숨어 있는 곳에서 찾아냈는데, 비둘기가 다시 날아가서 숨어버렸다. 그렇게 해서 둘은 어느 집 앞에 당도했다. 와까까메가 천천히 다가가 집으로 들어가 인사를 했다. 여주인이 와까까메를 맞이하러 나왔는데, 옥수수였다. 그는 그동안 자신이 겪은 일과 자신이 어떻게 해서 그곳에 도착했는지 여주인에게 말했다.

'옥수수의 어머니'는 와까까메와 함께 갈 생각이 있는지 딸들에게 물었다. 그때 우리의 형제 와까까메가 생각했다. '나는 옥수수 때문에 왔는데, 내게 소녀 하나를 주겠다는구먼. 그런데, 내가 소녀에게 무슨 음식을 주지? 어떻게 내가 소녀를 부양하지?'

딸들은 다섯 '소녀-옥수수'였다. 첫째 딸의 이름은 하유아마(Jayuama)로 파란 옥수수였다. 둘째 딸 이름은 사울리마(Saulima)로 붉은 옥수수였다. 셋째 딸 이름은 사율라(Sayula)로 하얀색과 빨간색이 뒤섞인 옥수수였다. 넷째 딸의 이름은 뚜사메(Tuzame)로 하얀 옥수수였다. 막내딸의 이름은 따라위메(Tarrawime)로, 노란 옥수수였다.

어머니는 딸들에게 그와 함께 떠나고 싶은지 차례로 물었지만, 아무도 그러겠다고 하지 않았다. 와까까메는 자기 집으로 돌아왔다가 소녀 하나 때문에 다섯 번이나 그 집으로 되돌아갔다. 다섯 번째로 그 집에 갔을 때 첫째 딸이 제안을 받아들였다. 어머니는 와까까메더러 자기 딸을 함부로 대하지 말라고 주의를 주었다.

"자네가 마을에 도착하면 내 딸이 묶을 수 있는 '깔리우에이' 하나를 만들게. 내 딸을 5년 동안 옥수수를 빻지도, 닉스따말*로 만들지도 말아야 해. 자네 어머니가 그 일을 해야 해. 자네는 내 딸에게 물에 탄 초콜릿과 또르띠야를 먹게 해주고, 그런 식으로 5년 동안 부양해야 해. 6년째가 되는 해에 내 딸은 이제 옥수수를 빻지도, 또르띠야를 만들지도 못할 거야. 그렇게 해야만 내 딸이 자네와 함께 갈 거야."

와까까메는 마을에 도착해서 '깔리우에이' 하나를 만들기 시작해서 곧 완성했다. 그곳에 소녀를 살게 하고, 옥수수를 마을에 소개했다.

밤에 그가 '깔리우에이'의 북쪽, 남쪽, 동쪽, 서쪽, 중앙에 옥수수를 쌓았다. 날이 밝았을 때는 엄청난 옥수수가 쌓여 있었다. 남쪽에는 파란 옥수수가, 북쪽에는 붉은 옥수수가, 서쪽에는 하얀 옥수수가, 동쪽에는 하얀색과 빨간색이 뒤섞인 옥수수가, 중앙에는 노란색 옥수수가 있었다.

그렇게 마을과 옥수수가 나타났다.

와까까메의 어머니가 '깔리우에이'에 들어와 보고는 깜짝 놀랐다. 오래전부터 굶주렸기 때문이다. 참으로 반가웠다! 옥수수로 닉스따말, 또르띠야를 만들어 먹었다. 그렇게 해서 옥수수를 구할 수 있었다.

꼬아밀(coamil: 밀빠)을 경작할 시기가 도래했을 때, 와까까메는 꼬아밀을 고르고 씨앗을 뿌리기 시작했다. 그렇게 4년이 흘렀다. 따우무라위**는 여전히 꼬아밀을 경작하고 씨를 뿌렸다. 어느 날 그가 일을 하고 있을 때 어머니가 며느리에게 말했다. "너는 일은커녕 손 하나 까딱하지 않고, 또르띠야도 만들지 않는구나. 이제 나는 또르띠야를 너무 많이 만들어서 지겹다. 네 남편은 일만 한다."

'옥수수 여자' 우까 이꾸(Uká Ikú)는 아무 말도 하지 않은 채 시어머니의 꾸중을 참았다.

와까까메는 일을 계속하고, 꼬아밀을 골랐다. 언젠가 그의 어머니는 꼬아밀을 둘러보고 싶었다. 그녀가 꼬아밀에 갔다. 따우무라위는 여러 사람과 함께 일을 하고 있었다. 그녀가 집으로 돌아가서 며느리에게 말했다. "네 남편이 여러 사람과 함께 꼬아밀에서 일을 하는데 너는 또르띠야도 만들지 않고 그냥 있구나. 그런데 우리가 네게 뭘 먹여줄 수 있겠냐?"

우까 이꾸는 시어머니의 말을 듣고 옥수수를 꺼내 닉스따말로 만들었다. 옥수수가 끓여졌을 때 소녀의 살가죽이 벗겨졌다. 소녀가 옥수수를 빻자 소녀의 몸에서 피가 흐르기 시작했다. 그녀 자신이 빻아지고 있었던 것이다.

이 모습을 본 시어머니가 그녀더러 옥수수를 빻지 말라고 명령하고는 자신이 직접 또르띠야를 만들었다. 소녀는 집으로 들어가 다시는 나오지 않았다. 오후에 남편이 돌아와서는 그녀를 찾았는데 발견하지 못했다. 집은 텅 비어 있고 옥수수도 없었다.

"제 처는 어디 있습니까?" 그가 어머니에게 물었다.

"집으로 들어갔는데, 거기 없니?"

"없어요. 처에게 뭐라 하셨어요?"

"이렇게 말했어. '넌 또르띠야를 만들지 않는데 내 아들은 여러 사람과 함께 꼬아밀에서 일을 하고 있다.' 네 처가 닉스따말을 만들고 옥수수를 빻자 피를 흘리기 시작하더라. 내가 옥수수는 그만 빻으라고 말하자 집으로 들어갔단다."

와까까메가 어머니를 힐난했다.

"제 처가 5년 동안 아무것도 하지 않아야 된다는 걸 아시잖아요! 아직 1년이 남았어요! 친정으로 돌아갔을 거예요. 왜 제 처를 함부로 대하셨나요?"

와까까메는 처가로 갔다. 그곳에 도착했지만 그녀를 볼 수가 없었다. 장인과 장모에게 인사를 한 뒤에 물었다.

"두 분의 딸이 오지 않았습니까? 딸을 찾으러 왔습니다."

"많이 다친 몸으로 돌아왔는데, 이제 우린 자네에게 딸을 주지 않을 거네." 소녀의 부모가 대답했다. "자네는 우리가 한 말을 지키지 않았고, 자네 어머니는 참지 못했어. 이제 우리는 자네에게 옥수수를 선물하지 않고 팔 거야."

부모는 와까까메에게 모든 색깔의 옥수수를 건네며 말했다.

"자네는 옥수수를 파종해야 할 건데, 진짜 옥수수는 수확하지 못할 거야. 자네가 수확하게 되는 옥수수 씨앗을 5년 동안 파종해야 해. 5년이 지나야 비로소 진짜 씨앗을 갖게 될 거야."

와까까메는 집으로 돌아갔고, 집에 도착하자 어머니에게 말했다. "장인, 장모님이 당신 네 딸을 제게 주지 않으시더군요. 저더러 5년 동안 파종할 수 있는 옥수수를 주셨다고요. 저는 평생 영원토록 그렇게 할 겁니다."

와까까메는 장인, 장모가 자기에게 해준 말대로 따랐다. 그는 옥수수 씨앗을 보관했다. 5년이 지나서야 비로소 장인, 장모가 그에게 선물했던 것과 같은 옥수수를 갖게 되었다.

그래서 오늘날까지도, 우이촐족은 세상에서 계속 일을 한다. 만약 와까까메의 어머니가 며느리를 힐난하지 않았더라면 일부 여자들이 옥수수를 생산할 수 있었을 것이다. 그리고 남자들은 꼬아밀을 경작할 필요도, 옥수수를 파종할 필요

도 없었을 것이고 우리는 그렇게 살았을 것이다. _ 우이촐(Huichol)족의 신화

- 닉스따말(nixtamal)은 옥수수나 다른 곡물을 염기성 용액(주로 석회수지만 때로는 잿물)에 담가두었다가 끓여서 씻고 껍질을 벗긴 것이다. 이렇게 하면 곰팡이독에 감염된 옥수수에 생기는 독성물질 아플라톡신이 제거된다.
- ● 와까까메(Wakákame)는 '꼬아밀을 경작하는 사람'이라는 뜻인데, 와까까메의 진·짜 이름은 따우무라위(Taumurrawi)다.

8. 신화와 역사의 관계

신화와 역사는 동일한 유형의 유래가 있다. 이뿐만이 아니라 역사의 진실성과 신화의 허위성 사이에는 대립 관계가 있는데, 이를 구분할 수 있다. 일부 학자들은 신화를 집단기억의 원시적이고 유아적인 형태로 간주하기에 이르렀는데, 집단기억은 진화하고 완성되면서 실제적인 사상이 되었다. 이런 개념은 지중해 지역 철학에서는 상당히 오래된 것으로, 이는 기원전 6세기에 시작된 이오니아 학파의 합리주의가 '이야기'로 축자역(逐字譯)되는 '미토스(mythos)'와, '담론(discourse)'으로 축자역되는 '로고스(logos)' 사이를 분리하기 위한 토대를 마련한 뒤부터다. 유럽 언어에서 '신화'라는 단어가 허구적이고 전(前) 논리적인 의미도 갖는 것은 바로 이런 사실 때문이다. 이런 전 논리적 의미는 철학적인 언어뿐만 아니라 대중적인 언어에도 침투해서, 허위적이고 케케묵었다는 비하적인 의미의 용어와 개념을 '신화'에 부가했다. '신화'의 다양한 의미 가운데 '허구적인 이야기'와 '특별한 자질과 우수성을 가진 사람 또는 사물'의

의미를 발견하기 위해서는 『에스파냐 한림원 사전(Diccionario de la Real Academia Española)』을 참조하면 충분하다.

필자가 판단하기에 이 같은 생각은 인간의 삶에서 신화가 지녔고 현재도 지니고 있는 엄청난 중요성을 도외시한 것이다. 허위성이 지닌 특징은 인류학적 개념화에서도, 용어의 학문적인 정의에서도 정당화될 수 없다. 신화라는 용어와 개념이 지닌 허위적인 측면을 제거한다고 해도 신화라는 용어가 '역사, 즉 실제로 일어난 사건의 기록(historia rerum gestarum)'의 동의어로 바뀌지는 않는다. 신화와 역사는 둘 다 인과관계에 의해 연계된 사건의 결과를 이야기하고, 이 둘을 만들어내는 사람은 자신이 이야기하는 사건들이 진짜이기를 바란다. 루이스 비요로[23]가 밝혔듯이, 인간은 "어느 시퀀스의 시간상 첫 번째 사례"와 "토대"의 의미들을 합치는(그리고 그 용법을 혼동하는) 용어인 '기원'을 찾기 위해 신화와 역사에 의존한다. 하지만 신화가 과정적이고 경계적인 시간-공간의 차원에서 일어난 고유의 사건을 언급한 것이라면, 역사는 에꾸메노적 존재 고유의 시간이 경과하는 과정에서 현재를 기록한 것이다. 역사의 진실성은 명료한데, 그 이유는 역사가 텍스트의 내용과 부합되어야 하고, 사건을 충실히 기록해야 하기 때문이다. 신화의 진실성은 이야기되는 모험과 부합하는 것이 아니라 이 모험이 얽혀드는 과정과 부합한다. 그래서 신화에 등장하는 모험이 끊임없이 변화한다 해

---

23 루이스 비요로 또란소(Luis Villoro Toranzo)는 에스파냐 출신의 멕시코 철학자다.

박스 5-3 신화가 공통으로 지닌 맥락적 토대

신화 이야기는 신성한 시간-공간을 공통적인 토대로 삼기 때문에 자율적이고 병렬적이다. 신화 이야기들 사이에는 어떤 역사적인 유형의 시퀀스가 없다.*

* 역사적인 사건의 시퀀스와 신화적인 사건의 시퀀스 사이에는 현격한 차이가 있다. 역사적인 사건이란 끊이지 않고 엮인 시퀀스들로 이루어진 광대한 그물(res gestae: 실제로 일어난 사건들의 총체)이다. 역사가는 사건의 연계를 사실이라고 온전하게 인식하고서, 단편적인 사건들에 대한 통합적인 이해(rerum gestarum: 실제로 일어난 사건의 기록)를 그러한 시퀀스로부터 도모한다. 신화적 사건들은 모두 공통의 개념적 토대, 즉 신화적 환경으로부터 파생되나 각각의 신화는 자율성이 있는데, 그 이유는 그들 신화 사이에는 시간적인 시퀀스나 논리적인 시퀀스 사이의 필연적인 관계가 없기 때문이다. 각각의 신화는 개별적인 '개시'를 노정한다. 태양과 달의 창조, 네 기둥의 설정, 역법 주기의 시작, 아르마디요의 창조 등이 그것이다. 이런 식으로 하나의 신화에는 비가 창조되기 전에 나무가 있을 수 있고, 다른 신화에는 비가 나무를 만들어낼 것이다. 일부 중요한 신화는 서로 계속해서 연계되지만 신화학에는 어떤 역사적인 유형의 보편적인 시퀀스가 존재하지 않는다. 신화적인 이야기가 지닌 자율권은 그 이야기를 빗의 빗살과 닮게 만들고, 모든 빗살은, 자신의 자리인, 공통의 빗 몸에 결합되어 있지만, 각각의 빗살은 다른 빗살로부터 독립적이다.

도, 신화를 믿는 사람은 신화가 진실하다고 늘 생각한다.

메소아메리카의 많은 이야기에서(특히 식민시대의 전통이 지닌 이성주의적 관점에 의해 걸러졌던 이야기들에서) 메소아메리카 여러 민족의 안에 꾸메노적 선조와 지속되는 현세적 시간이 감지할 수 없는 매듭으로 묶인다. 이런 이야기에서 치꼬모스똑, 수유아 또는 아스뜰란[24]

---

24 치꼬모스똑(Chicomóztoc)은 '7 동굴의 장소'라는 의미를 지닌다. 후고전기

이 특정 지역을 점유하도록 시도되거나, 민족들의 실제 이주를 정확한 경로로 기술하려 시도된다. 이는 의심할 바 없이, 다양한 사건이 일어난 우주적인 영역 간의 차이를 잊게 만든다. 이런 사건의 원천의 원천이 무엇인지 찬찬히 조사해야 할 필요가 있다. 신화도 역사도 진실한 것이라고 볼 필요가 있으나 신화의 진실성과 역사의 진실성은 서로 의미가 다르다.

_조구호 옮김

멕시코 중부 지방의 '나우아의 7개 부족'이 기원한 신화적 장소의 이름이다. 수유아(Zuyuá) 또는 뚤란 수유아(Tulan Zuyua)는 '7개의 동굴'이라는 의미다. 『뽀뽈 부(Popol Vuh)』에 따르면 "신들을 영접할 사람들"이 도착했던 '잃어버린 도시'다. 아스뜰란(Aztlán)은 '왜가리가 있는 곳'이라는 뜻으로 아스떼까의 신화적인 장소를 가리킨다.

제6장
가족과 공동체

1. 가족

일반적으로 메소아메리카의 전통에서 가족은 혈연관계로 맺어진 두 명 혹은 그 이상의 사람으로 형성된 집단으로서, 보통은 같은 장소에 거주하며 그곳에서 가정을 이룬다(즉, 생산 및 재생산 활동과 관계된 집합체이며, 거기에는 구성원 간의 특별한 행동 규범이 포함된다). 혈연 관계는 결혼 관계, 부자 관계, 인척 관계를 말한다.

메소아메리카에서 부부 관계와 관련된 전통은 시간과 공간에 따라 대단히 다양해졌다. 16세기 멕시코 중부의 전통을 다룬 자료들을 보면 약혼자들의 의지로 맺어진, 예외적인 관계들이 언급되기도 한다. 하지만 대부분은 그들의 개인 의사보다는 두 집안 사이에서 이루어진 합의에 관해 언급하고 있다. 혼인은 종교적인 예식을 통해 인정받을 수 있었다. 하지만 일부 자료에 따르면 그러한 예식 없이 자유롭게 성립된 결혼이 다수였는데, 그것은 무엇보

멘도사 고문서(Códice Mendocino)는 1541년경에 만들어진 것으로 추정되는 아스떼까 고문서다. 아스떼까 통치자들의 정복의 역사와 콜럼버스 이전 아스떼까 사회의 일상에 대한 설명이 담겨 있다.

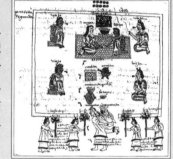

그림은 고대 나우아족의 결혼식 장면이다. 그림 상단을 보면 약혼자들이 화덕 앞에 있고, 그들의 옷이 서로 묶여 있다. 그림 하단은 결혼식이 열리기 전에 해당하는 것으로, 예비부부 부모들의 혼담을 주선한 나이 많은 중신어미에게 신부가 업혀 신랑의 집으로 가고 있다.

다도 결혼식 비용을 들이지 않기 위한 것이었다. 자식에 대한 친권 행사와 이혼한 부부간의 재산 분할과 관련된 조치들과 함께 이혼은 법적으로 규제했다.

앞서 말한 것처럼 성별 분업에 기초한 남녀의 조화가 아주 긍정적으로 평가되었으므로 혼인관계를 인간의 '정상적인 조건'으로 간주했다. 완벽한 인간은 짝이 있는 인간이다. 그렇지만 이것이 좌우대칭을 의미하지는 않는다. 남성의 대표성, 권위, 권리가 여성의 그것들보다 우위를 점했기 때문이다. 일부다처제가 그것을 보여준다. 총각이든 결혼한 남자든 간에 모든 남자는 기혼녀와 성관계를 맺을 경우 간통죄를 지은 것으로 간주되었지만, 모든 기혼녀는 총각이든 기혼남이든 간에 남성과 성관계를 맺을 경우 간통죄를 지은 것으로 간주되었던 점을 고려할 때, 멕시코의 형벌권 역시 그렇다는 것을 보여준다. 다시 말하면, 죄를 판단할 때 기혼남이라는 조건이 아니라 기혼녀라는 조건을 항상 염두에 두었다.

2. 가족의 구성

사람이 태어나서 성장하고 죽는 사회적 중추를 가정이라고 할 때, 그러한 가정에는 다양한 연령의 개인이 모이며, 구성원들에게는 행동과 역할과 책임에 관한 특별 지침이 부여된다. 아이들의 사회화는 가정교육으로 시작되는데, 그러한 교육에는 동생을 돌보는 등 가사노동에 일찍 참여하는 것과 성별 노동 분업을 이른 시기부터 배우는 것을 포함한다. 노인에 관한 문헌 자료들을 보면, 채집·수렵 생활을 하는 사람들이 노인을 대하는 방식과 농민들이 노인을 대하는 방식이 구분되어 있다. 자료들에 따르면, 치치메까인[1]은 노인이 수렵에 따른 이동의 속도를 감당할 수 없으면 그를 "안락사시켰다." 그것은 노인에게 경건한 죽음을 내린다는 의미였다. 반대로 농업에 종사하는 사람들은 노인을 집에 모실 수 있었다. 그리하여 노인의 지식을 활용했을 뿐 아니라, 노인의 기력에 맞춰 적당한 일을 분담하기도 했다.

가족구성원이 죽었다고 해서 그 사람이 가족관계에서 벗어나는

1 　치치메까(Chichimeca)인은 멕시코 북부에 거주하는 유목민을 일컫는 용어로, 아스떼까인들이 처음으로 사용했다.

것은 아니었으며, 오늘날에도 그렇게 되지는 않는다. 죽은 사람은 노동, 특히 농사일에서 도움, 보호, 협력의 의무를 유지하며, 그 대가로, 그리고 공물(供物)로, 가족이 음식 봉양뿐만 아니라 제례 의식을 통해 베푸는 호의를 받아들인다.

고대 메소아메리카에는 핵가족뿐만 아니라 확대가족도 존재했다. 첫 번째 가족 형태는 부부 한 쌍과 자식으로, 그리고 경우에 따라서는 그들의 조부모로 구성되는데, 누군가와 함께일 수도 있으며 그들은 같은 집에서 산다. 두 번째 형태의 가족은 둘 혹은 그 이상의 부부로 구성되는데, 그들은 혈연관계로 맺어진 조직이다.

뻬드로 까라스꼬[2]는 1530년부터 1540년까지 식민시대 자료에 기술된 떼뽀스뜰란[3]의 가족 구성에 관한 정보를 분석했다. 떼뽀스뜰란의 9개 바리오[4] 중 하나, 정확히 말해 그 지역의 추장이 살았던 바리오에 관한 자료들을 고려 대상으로 삼았다. 그는 이 바리오의 주민들 가운데 일반 주민, 즉 추장 가문에 속하지 않은 주민만을 조사했다. 그는 63%의 가정이 핵가족이었던 반면, 확대가족은 32.8%를 차지했다는 것을 발견했다. 까라스꼬는 한집에 4대가 함께 사는 사례는 한 건뿐이며, 따라서 확대가족은 해체되는 경향이 있었다는

---

2   뻬드로 까라스꼬(Pedro Carrasco), "16세기 떼뽀스뜰란의 가족구조(Estructura familiar en Tepoztlán en el siglo XVI)", *Nueva Antropología*, núm. 18(1982), pp. 127~154.
3   떼뽀스뜰란(Tepoztlán)은 멕시코 중부 모렐로스주에 있는 도시다.
4   바리오(barrio)는 특정 지역, 도시 등을 구역별로 나누어 한 구역을 가리킬 때 사용하는 명칭이다. 한국의 '동네', '마을' 같은 개념이다.

박스 6-2 연령에 따른 성별 노동 분업

미성년자는 나이에 맞게 능력껏 집에서 일한다.

수렵-채집 생활을 하던 치치메까인들은 직업상 계속해서 이동해야 했기 때문에 거동이 불편한 노인을 등에 지고 다니는 일이 힘들어서 가슴이 아프지만 노인을 죽여야 했다. 오른쪽 그림에는 '살해된' 노인, 즉, 목에 화살 한 발을 맞고 모든 고통에서 벗어난 노인이 있다.

자료: 멘도사 고문서(Códice Mendocino), lán. LXI, f. 60r; 피렌체 고문서(Códice Florentino), lib.10, ff.121v y 124r.

노인에 대한 농민들의 배려와 존중은 불의 주인이며 신들의 아버지인 노인(老人)
신 우에우에떼오뜰 혹은 시우떼꾸늘리*의 형상과 관계가 있다(왼쪽 형상).
오른쪽 형상은 메시까의 기수(旗手) 노인의 모습이다. 이빨이 빠지고, 이마에 주름
이 많은 노인이 손으로 깃대를 움켜쥔 자세로 서 있다.

• 떼오띠우아깐(Teotihuacán) 문화에서 우에우에떼오뜰(Huehuetéotl) 혹은 시우떼꾸뜰
  리(Xiuhtecuhtli)는 주름투성이에 수염이 길고, 이빨이 빠진 꼽추로 표현된다. 자리에 앉
  아 있는 형상의 우에우에떼오뜰이 등에 거대한 화로를 지고 있다.

나이가 든 노인에게는 일부 자유가 허용되었는데,
예를 들어, 선인장의 일종인 마게이로 만든 술 뿔께
(pulque)를 마음대로 마실 수 있었다(멘도사 고문서,
f.71r).

데 주목했다. 이러한 결과가 일반화될 수는 없지만, (에스파냐) 정복
기와 아주 가까운 시기에 가족이 어떻게 살았는지에 대해 유익한
개념을 제공한다. 까라스꼬는 20세기 후반 떼뽀스뜰란에 관한 정
보들을 보면 결과적으로 확대가족이 15%라고 지적한다.

3. 가족의 주거

일반적으로 우주론적인 개념이 메소아메리카 집의 건축을 지배했다. 이 개념의 많은 부분이 원주민 전통에 여전히 남아 있다. 집 한가운데에는 가족의 심장 같은 아궁이에 세계 축이 투영되어 있었고, 그 둘레에는 메시까인들이 불의 신의 세 인격으로 여기는[나우아뜰로 '떼나마친(tenamaztin)', 즉 세쌍둥이] 돌로 된 삼발이가 놓여 있었다. 지붕은 하늘이었으며, 네 기둥으로 떠받쳐져 있었다. 집 안에는 특별한 장소인 제단이 있었다. 집 밖에는 특별한 의식을 통해 신성한 저장고로 바뀐 꾸에스꼬마뜰(cuezcómatl) 혹은 센깔리(cencalli)가 있었는데, 이것은 지역의 기후에 따라 종류가 달라질 수 있는 옥수수 저장고였다. 또한 밖에는 목욕탕이 있었는데, 그것은 우리의 할머니(Nuestra Abuela), 즉 대지의 어머니의 보호를 받는 정화 장소였다. 집 근처에 있는 사각형 경작지 밀빠는 세계의 네 극을 관장하는 신들의 보살핌을 받았는데, 유까딴의 마야인들 사이에서 발람옵[5]이라고 불리는 신들이 여전히 밀빠를 보살피고 있다. 집의 건축에는 공동체 구성원들의 협력이 필요했는데, 그들은 같은 수호신을 모시는 자식들 사이에서 당연시되는 호혜주의라는 도덕적인 의무를 수행하는 데 참여했다.

---

5 '발람옵(balamoob)'은 재규어를 뜻하는 '발람(balam)'의 복수형으로, 마야인들은 재규어가 신과 연결되어 있다고 생각하면서 숭배했다. 발람이라는 이름은 마을을 보호하는 정령을 의미하기도 하는데, 네(4) 발람이 마을의 사방을 각각 관장해 보호한다.

고고학자들은 자신들이 연구한 주택의 유형학에 근거해서 '집단'이라고 불리는 것과 확대가족을 연관 지었다. 떼오띠우아깐시(市)에는 한 블록을 다 차지한 집단주택이 많았는데, 블록의 경계를 이루는 네 개의 거리 쪽으로 난 출입구의 수가 극히 적었다. 주택 안에서는 가족의 생활이 아주 온전한 형태로 전개되었는데, 이는 노동과 종교 기능이 수행되는 작업장과 수호신을 위한 제단을 갖추고 있었기 때문이다. 이 같은 형태에서는 외부 생활이 상당히 제한되었는데, 그 이유는 이런 대가족의 구성원들이 외부 노동 활동(그중에는 집단적으로 반드시 해야 하는 일들이 있다)을 수행하거나, 전(全) 도시 차원의 축제에 참여하거나, 시장에 가거나, 익히 알려진 '공놀이'[6] 같은 경기에 참여하기 위해서만 가정생활에서 벗어났기 때문이다. 쉽게 짐작할 수 있듯이 이러한 공적인 활동을 위해서 마련된 장소에도 우주를 반영하는 상징이 있었다. 공놀이 경기장, 즉 신전의 기능뿐 아니라 세속적인 오락을 위한 장소의 기능도 있었던 이 건축물은 지구 표면의 사분면[7]을 나타내는 것이었고, 공이 움직이는 경로는 태양의 궤도와 비교되었다.[8] 이러한 상징주의

---

6   공놀이(Juego de pelota de hule)는 마야인들이 행하던 경기로, 4kg에 이르는 고무공을 골반으로 쳐서 벽에 달린 둥근 돌 테를 통과시켰다. 이 놀이의 주 목적은 인신공회에 쓸 제물을 구하는 것인데, 승자(혹은 패자)가 제물로 선택되었다고 한다. 치첸 이싸의 피라미드 '엘 까스띠요(El castillo)' 근처에 있는 공놀이 경기장은 길이 170미터, 폭 70미터의 직사각 형태다. 공놀이는 메소아메리카인의 경기이자 종교의식이었다.

7   사분면(四分面)은 x축, y축으로 나뉜 직교좌표평면의 네 부분을 말한다.

8   고대 마야인들에게 태양은 대단히 중요한 요소였다. 일부 연구자들에 따르면,

박스 6-3 뚤라의 집단주택과 공놀이 경기장

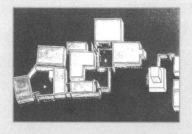

아주 오래된 도시 중에는 뚤라(Tula)가 있는데, 이 도시에는 '집단주택'이라고 불리는 형태의 건축물들이 있었다. 이 같은 주택은 문이나 복도를 통해 소통하지 않으며, 공동으로 이용하는 안뜰을 중심으로 그 주변에 건설된 서너 채의 집으로 형성되어 있다. 각 집은 식사를 준비하기 위한 공간과 잠을 자고 일하고 생활용품을 보관하기 위한 방이 있다. 댄 M. 힐런(Dan M. Healan)의 설계도에 기초한 뚤떼까(Tolteca)족의 집 안뜰 입구에는 사생활을 보호하기 위한 벽체가 세워져 있다. 일부 고고학자는 이런 주택은 같은 주거 단위에 둘 혹은 그 이상의 부부를 아우르는 가족구조 형태이자, 여러 부부의 구성원이 혈연관계로 맺어진 이른바 확대가족에 적합한 것이었다고 주장한다.

공놀이 경기장은 지표의 사분면이 투영된 것으로 신성함을 지녔다. 그래서 거기에서 중요한 제의가 거행되었다. 그중 많은 제의가 의례적인 살해(인신공희)와 함께 이루어졌다. 신성한 성격은 그 경기장이 불경스러운 놀이에 이용되더라도 유지되었다. 지구의 사분면에 해당하는 네 개의 팔을 가진, 나우아어로 빠똘리(patolli)라고 불리는 보드게임에 대해서도 똑같이 얘기할 수 있다. 그림 오른쪽 부분을 보면 마꾸일소치뜰* 신이 빠똘리 놀이를 주재하고 있다.

* 마꾸일소치뜰(Macuilxóchitl)은 토끼라는 뜻으로, 아스떼까의 5개 신 중 하나다. 이 신은 방종, 과잉 등을 상징했다. 아스떼까 전통에서 토끼는 뿔게 및 만취와 동일시되었다.

는 주사위 놀이와 비슷한 빠똘리[9] 같은 보드게임에까지 투영되었는데, 그 보드게임의 칸들은 우주의 평면도와 동일한 배열을 따랐다. 최근까지도 외부에서 공동체로 온 상인들이 거대한 나무(때때로 세이바 나무) 그늘 밑에서 물품을 교환하는 경우가 종종 있었는데, 이 나무는 우주의 중심 나무가 투영된 것이다.

4. 공동체

메소아메리카인의 삶에서 경제적인 토대를 조사했을 때, 가정에서 기본적으로 소비하는 분량의 채소를 재배하기 위해 주기적으로 내리는 비에 의존하는 사람들의 농업적인 정주 생활을 기본적인 특징으로 발견하게 되었다. 그러한 식물 중에 두드러진 것이 옥수수다. 메소아메리카인들은 제한된 농기구로 자신의 밀빠에서 일을 했는데, 기본적으로 가족의 조직적인 노동력에 의존했다. 가족은 노동의 기본 단위이며, 가족의 기반은 공동체였다. 문화를 구성하는 핵심 요소를 만들어내고 다양한 사회관계가 맺어지는 것이 공동체였으며, 이런 핵심적인 것들 위에서 전통을 구성하는 신앙, 도덕, 기술, 열망, 제도 그리고 다른 물질적인 것들이 대단히

고무공은 모양이 태양과 비슷하고, 공놀이의 특정 시점에서 공이 움직이는 경로는 태양이 떠서 질 때까지의 궤도와 흡사하다.
9   빠똘리(patolli)는 아메리카에서 가장 오래된 게임으로 귀족과 평민이 다 즐겼다.

복잡하게 발전했다.

사실, 공동체 관계는 가족의 토지 소유 형태, 기술의 소통, 부부의 형성, 집단의 원조와 보호, 사회적 결속, 생산물의 1차 교환, 전문성 창출, 전문 노동력 이용, 집단노동, 노동에서의 협력의 상호성, 미성년자 교육, 공동체의 소비를 위한 공물 납부, 가문의 형성, 공동체 내부 정부의 형성, 수호신에 대한 숭배와 믿음 등의 원천이었다.[10]

농업사회 조직의 토대로서 공동체가 존재했던 흔적은 시간적으로 멀리 떨어져 있는 고고학적 단계에서 발견된다. 가문과 그 가문에서 비롯된 계층화는 전고전기 중기에 이미 출현했다고 추정된다. 그 후 몇 세기가 지나 유럽인들이 아스떼까를 정복한 뒤에 수리따[11]가 멕시코 중부의 사회정치적 조직 형태를 조사했을 때, 중앙정부의 강력한 강요와 개입에도 여전히 깔뿔띤(calpultin, calpulli의 복

---

10 '떼끼뜰(téquitl: 노동)'과 '치까우알리스뜰리(chicahualiztli: 힘)' 개념을 호혜적 관계의 출발점으로 언급하면서, 캐서린 굿 에셸만(Catherine Good Eshelman)은 게레로(Guerrero) 지역의 나우아족은 "사람은 결코 혼자서 일하지 않고 항상 다른 사람을 위해서 일하며, 사람은 다른 사람의 노동의 혜택을 누리지 않고 살 수 없다"라고 한다.
    죽은 사람이 가족의 보호와 농업 생산에 도움을 주기 때문에, 그들은 호혜적 관계에 포함되어 있다. "죽은 사람은 몸이 없어서 작물을 경작할 수도, 자신의 식량을 준비할 수도 없다. 그래서 그는 먹기 위해서 '자기 사람'에게 의존하며, 살아 있는 사람은 그를 기억하고 존중해야 한다."
11 알론소 데 수리따(Alonso de Zurita)는 식민시대 멕시코의 아우디엔시아(Audiencia: 심의원) 재판관으로 활동했다. 그는 '마예께(mayeque: 노동자)', '깔뿔리(calpulli)' 같은 용어의 의미를 해석하고, 나우아의 귀족과 각 지방의 관리들에 관해 연구했다.

박스 6-4 증기 목욕탕과 치난떼꼬족의 집 건축

마글리아베키아노 고문서(Códice Magliabechiano)에 있는 그림이다. 증기 목욕탕(떼스마깔, tezmacal) 이 보이는데, 거기에는 우리의 할머니이자 증기 목욕탕과 출산의 수호신이며, 증기 목욕탕이 치료의 수단으로 사용했던 약의 수호신 또시(Toci) 그림이 있다. 오른쪽 아래에는 목욕탕에서 먹어야 하는 약을 환자에게 건네는 여성 치료사의 모습이 보인다.

치난떼꼬족(chinantec)*의 집 건축은 공동체 구성원의 협력, 즉 '마노 부엘따'** 라고 불린 호혜적 제도에 의해 이루어졌다.

*   치난떼꼬(chinanteco)는 오아하까 북서부 지역의 원주민이다.
**   마노 부엘따(mano vuelta)는 오아하까 지방의 집단노동 전통으로, 공동선을 위해서 주고받는 것을 토대로 서로 협력하고 도와주는 것을 말한다.

수형)이 사회조직이 안착해 있는 기본 단위라는 것을 발견한다. 수리따는, 공동체의 내부 문제를 '맏형(hermano mayor)'을 의미하는 떼아츠까우(teáchcauh)와 원로 집단이 떠맡았는데, 이들은 모두 같은 깔뿔리 출신이었다고 주장한다.

공동체는 식민시대 초기부터 상당히 변화되었지만, 계속해서 원주민 문화 창출의 중심축이 되어 왔다. 오늘날 원주민 공동체는 정치·경제 지배체제로부터 통렬하게 공격을 받고 있다. 하지만 원주민 문화의 유기체적인 토대를 해체하겠다는 협박을 받고 있는 현재, 세계를 이해하는 특수한 형태를 창조하는 전통적인 핵심 요소 중 많은 것이 계속 유지되고 있다.

5. 깔뿔리의 특징

1970년대에 메소아메리카의 전형적인 공동체, 즉 깔뿔리의 성격에 대해서 (잘못 제기되고 잘못 발전되고 미완성된 것으로 평가된) 논쟁이 시작되었다. 논쟁점을 서술할 생각은 없는데, 다음과 같은 사실은 언급할 필요가 있다. 다시 말해서 한편에서는 깔뿔리가 과거 공통 신화에 대한 믿음에서 비롯된, 혈연관계에 토대를 둔 조직의 성격을 가졌다고 옹호하지만[빅토르 마누엘 까스띠요 파레라스(Víctor Manuel Castillo Farreras), 필자와 나머지 다른 사람들], 반대쪽은 깔뿔리가 영토적·정치적·행정적 성격의 국가 단위로 변화되었다고 주장했다[뻬드로 까라스꼬(Pedro Carrasco), 루이스 레이에스(Luis Reyes), 메르세데스 올리

베라(Mercedes Olivera)와 기타 다른 사람들]. 많은 시간이 흐른 후인 1990년에 한 사람의 견해가 두 입장을 중재했는데, 그 주인공은 빠블로 에스깔란떼 곤살보(Pablo Escalante Gonzalbo)다. 주지하다시피, 여기에서 필자가 제시하는 깔뿔리에 대한 설명은 두 경향 중 첫 번째 것에서 나온 입장에 상응한다.

확실히 깔뿔리는 공통의 조상이나 수호신 깔뿔떼오뜰(calpultéotl: 깔뿔리의 신)과 동일시되는 뜰라까시나츠뜰리[tlacaxinachtli: 인간 씨앗(semilla humana)]에서 비롯되었다는 것을 믿는 가족들로 구성된 친족 형태의 조직이었다. 그 집단은 강한 족내혼 경향을 띠었다. 한편, 깔뿔리는 수호신을 중심으로 종교적인 단위를 이루었다. 구성원들 혹은 깔뿔레께(calpuleque)는 공동 영역에 거주했는데 그 때문에 에스파냐인은 그 사회조직을 자신들의 바리오와 혼동해, 그래서 그렇게 불렀다. 그럼에도 깔뿔리의 조직은 제국의 영토(el territorio)에 속하지 않았는데, 왜냐하면 중앙 권력과의 심각한 갈등과 단절을 겪으면서 깔뿔리는 작은 단위로 세분화되었고 중앙 권력의 간섭을 피해 다른 곳에 정착했기 때문이다.

깔뿔리의 경제적 토대는 토지였는데, 그 토지는 분할지로 나눠서 관리했으며 그 분할지들은 소유를 목적으로 각 가구에 분배되었다. 게다가 깔뿔리의 구성원은 하나의 직업을 공유했는데, 그러한 직업은 다른 깔뿔리의 구성원과 그들을 구분 짓는 특징이었다. 문화적으로, 깔뿔리는 사제를 통해 새로운 세대로 전해진 유산, 즉 그들의 고유한 전통과 언어를 지키고 있었던 종족 단위였다.

중앙 정치체제하에서 깔뿔리는 두 가지 통치 형태를 보였다. 다

박스 6-5 깔뿔리에 관한 두 가지 개념

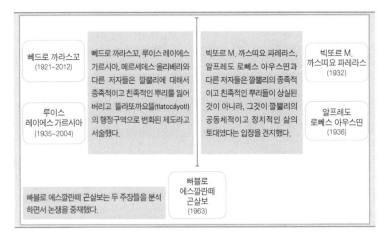

시 말해 깔뿔리 자체의 고유한 통치 형태는 공동체를 이루는 가문 중 특정 가문의 '맏형' 혹은 떼아츠까우와 원로회의로 구성되었다. 그리고 중앙정부에 속하고 중앙정부에 의해 임명된 통치자는 깔뿔리의 토지에 상주하면서 깔뿔리의 유지와 통치를 위해 마련된 토지로부터[그 영역은 '재판관의 토지'라고 불리기도 하는 떼깔리[12]였다] 경제적 이득을 누렸다. 이 두 통치체제는 서로 다른 권한을 가지고 있었다. 즉, 떼아츠까우는 가족관계와 가족 간의 관계, 치안, 인구조사, 토지와 공동노동과 세금 부담의 분배와 관련된 깔뿔리 내부 문제를 해결했다. 큰 문제를 다루는 재판관 떼꾸뜰리 통치체제는 공동체 전체의 징세관으로서의 임무와 군사적인 우두머리로서의 임

---

12 떼깔리(teccalli)는 재판관 떼꾸뜰리(tecutli)가 거주하는 곳으로, 토지와 그곳에 종속된 평민 노동자들이 있었다.

표 6-1 아스떼까 제국의 정치와 사회경제 제도

		뻬드로 까라스꼬 등의 주장	빅또르 M. 까스띠요 등의 주장
사회질서		공통의 조상으로 관계 맺어진 친족들의 결합체이다. 치말빠인*에 따르면, 깔뿔리의 주민은 약 1500명에 이르렀다.	가족 혹은 가문의 결합체로 정의된다. 두란(Durán)은 "친척, 친구 혹은 친족"이라고 말했다. 수리따는 "지인들 혹은 오래된 가문"이라고 말했다.
		이 체제는 족내혼을 우선시했다.	족외혼을 허용했지만, 좋게 생각하지 않았다.
종교와 학교제도		공통의 조상은 수호신으로까지 거슬러 올라갔는데, 수호신은 그 집단의 첫 번째 조상과 혼동되었다.	수호신은 깔뿔떼오뜰**이라고 불렀으며, 집단의 위대한 보호자였다. 그 집단의 첫 번째 인간은 뜰라까시나츠뜰리라고 불렸다.
		깔뿔리는 내부의 신앙을 관리했으며, 게다가 뜰라또까요뜰의 전체 축제에 하나의 단위로 기여하고 참여했나.	학교는 자체 규정에 따라 운영되었지만, 교육 내용에 관해서는 간섭을 받았다.
주거		깔뿔리의 구성원은 일반적으로 같은 바리오에 살았다.	점유하고 있는 인접 영역은 공동의 것이었다.
경제	토지소유	용익권은 대부분 가정에 있었지만, 토지의 공동소유가 존재했다. 깔뿔리 당국은 깔뿔리를 구성하는 가문에 분할지를 분배했다.	깔뿔리의 구성원들, 즉 깔뿔레께는 깔뿔리의 가용 토지에 대해 권리를 가진다. 떼깔레께(teccaleque)는 떼깔리의 토지에 대해 비슷한 권리를 지녔을 가능성이 농후하다.
	직업	직업적인 단위가 존재했다.	직업은 수호신 깔뿔떼오뜰의 은총 중 하나로 생각했다.
문화		깔뿔리는 문화적인 단위를 형성했다.	그 단위는 언어, 신앙, 직업, 의상, 관습 등이 있다.
권력기관	내부	깔뿔리는 떼아치까우 혹은 '맏형'이 지배했으며, 원로회의가 그를 보좌했다. 모든 합의체가 공동체에 의해 부양되었다.	내부 정부의 권한은 분할지와 세금 부담과 노동의 분배권과 인구조사, 내부 질서, 하급 재판의 판결권 등을 포함한다.
	외부	떼꾸뜰리 혹은 '재판관'은 뜰라또까요뜰의 대표자였다. 깔뿔리의 떼깔레께에 의해 지탱되었다.	큰 정부의 권한은 상급 재판권, 깔뿔리 앞에서 뜰라또까요뜰을 대표하는 권한, 뜰라또까요뜰 앞에서 깔뿔리를 대표하는 권한, 군사적인 지휘권, 뜰라또까요뜰의 조세제도를 포함한다.
납세제도		깔뿔리는 뜰라또까요뜰 앞에서 납세 단위를 형성했다.	세금 징수는 떼꾸뜰리의 책임이었다.
군사제도		깔뿔리는 중대, 소대 같은 군사적인 단위였다.	군대는 떼꾸뜰리의 지휘를 따랐다.

* 치말빠인(Chimalpain)은 찰꼬(Chalco) 출신 나우아족 분석가로, 멕시코와 근접 국가들의 역사를 나우아어와 에스파냐어로 서술했다.

** 용어 설명: 깔뿔떼오뜰(calpultéotl): 깔뿔리의 수호신; 뜰라까시나츠뜰리(tlacaxinachtli): 최초의 인간; 깔뿔레께(calpuleque): 깔뿔리의 구성원들; 뜰라또아니(tlahtoani): 알떼뻬뜰의 지배자, 왕; 떼아츠까우(teáchcauh)·맏형(촌장), 깔뿔리의 내부 우두머리; 떼꾸뜰리(tecuhtli): 깔뿔리의 큰 정부 우두머리, 재판관, 징세관, 군사적 우두머리; 뜰라또까요뜰(tlatocáyotl): 뜰라또아니의 통치권, 직위, 통치 영역.

무를 수행했으며, 깔뿔리 앞에서는 뜰라또아니를 대표했을 뿐 아니라 황궁(제국) 앞에서는 깔뿔리의 구성원을 대표하기도 했다.

재정에 관한 한, 납세 책임은 깔뿔리 구성원 개개인에게 있는 것이 아니라 깔뿔리에 있었다. 군사적인 것에 관한 한, 깔뿔리 구성원이 군을 형성했지만, 그들을 이끌었던 것은 떼꾸뜰리였다.

6. 수호신

인간은 수호신에 의해서 창조되었다고 믿었는데, 수호신은 자신을 이루고 있는 물질의 일부를 취해 그것으로 자기 자식인 인간의 본질적인 영혼을 만들었다. 이러한 자신의 일부와 함께 신은 언어(신과의 소통에 필수 불가결한 수단), 세계에서의 사명, 문명화된 삶과 그것을 수행하는 데 필요한 노동 능력을 인간에게 전수했다. 하지만 앞에서도 언급했듯이, 인간은 수호신에게서 받은 바로 그 본질, 즉 본질적인 특성과 더불어 설명되었는데, 그 특성은 모든 인류에 속해 있지 않고, 그 특성을 부여받은 사람의 계급과 지위에 따라 각각 격(格)이 낮아져 갔던 특별한 집단에 속해 있었다.

이처럼 인간을 점진적으로 개별화(특수화)하는 것은 신성의 분열 능력을 통해 설명되었는데, 그 이유는 수호신이 자신의 유산을 명확히 하기 위해 각 인간의 마음속에 자신의 페르소나를 재분할해 갔기 때문이다. 그렇듯 주(主) 영혼은 수호신의 페르소나가, 보편적인 것이든 특수한 것이든, 따랐던 것과 같은 체계를 통해 계통학

박스 6-6 수호신들

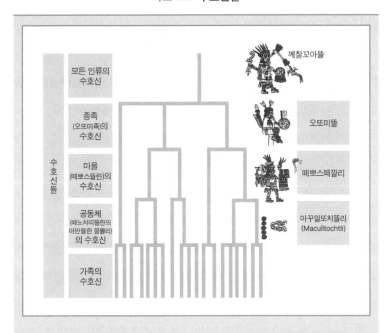

모든 인류의 수호신	께찰꼬아뜰
종족(오또미족)의 수호신	오또미뜰
마을(떼뽀스뜰란)의 수호신	떼뽀스떼깔리
공동체(떼노치띠뜰란의 아만뜰란 깔뿔리)의 수호신	마꾸일또치뜰리 (Macuiltochtli)
가족의 수호신	

왼쪽 그림 가운데에 7개의 자궁을 가진 다산의 산 치꼬모스똑의 이미지가 있는데, 그 안에 막 태어나려는 일곱 개의 인간 집단이 들어 있다. 왼쪽 아래에는 조상들의 산인 꿀우아깐(Culhuacan)이 있는데, 특별한 동굴 안에 벌새 형태의 우이칠로뽀츠뜰리 신이 있다. 오른쪽 아래도 꿀우아깐인데, 그곳의 동굴에는 벌새의 투구로 표현되는 우이칠로뽀츠뜰리 신의 집이 있다.

자료: 『꾸아우띤찬 지도(Mapa de Cuauhtinchan)』, No.2; 아스까띠뜰란 고문서(Códice Azcatitlan); 보뚜리니 고문서(Códice Boturini).

적으로 구성되었다.

인간에 대한 구분의 기원을 신화적으로 설명해 주는 것은 창조의 두 가지 형태가 말하는 이야기들이다. 일단은 첫 번째 남녀 한 쌍이 만들어지고, 안에꾸메노의 도시 즉 신화적인 똘란[13]에 세상을 세우기 전에 그 남녀의 후손이 과정을 통해 탄생했다. 거기에서부터 그 후손들은 일련의 새로운 집단적인 창조물로, 즉 일곱 개의 집단에서 각각 일곱 명을 출산하는 식으로 세상에 출현했다. 이로 인해 인간의 기원지에 치꼬모스똑(Chicomóztoc: 7개의 동굴이 있는 장소)이라는 이름이 부여된다. 식민시대 초반부터 오늘날까지 치꼬모스똑을 지리적으로 위치시켜 보려고 시도했지만, 인간의 기원지로서의 신성한 산을 상징하는 것 중 하나일 뿐이다. 나우아어로 신성한 산을 나타내는 이름 중 하나인 꿀우아깐은 일반적으로 인간의 기원지를 말한다. 글자 그대로 '활 모양으로 굽은 곳을 지닌 장소'를 의미하는데, 그것은 그 지명이 갈고리 모양의 꼭대기가 있는 산이었으리라는 것을 설명해 주지만, 또한 '조상을 지키는 장소'를 의미하기도 한다. 어원적으로뿐만 아니라 명시적으로도 '할아버지'를 의미하는 꼴리(colli)라는 말을 통해서도 앞에서와 같은 의미로 읽힐 수 있는데, 꼴리는 '갈고리'를 의미하기도 한다.[14] 치꼬모스똑과는

---

13 똘란(Tollan)은 정복 이전 메소아메리카 두 제국의 주요 도시에 사용된 이름인데, 처음에는 떼오띠우아깐(Teotihuacan)에, 나중에는 똘떼까(Tolteca)의 수도 뚤라(Tula)에 사용되었다.

14 '꿀우아(Culhua)족 또는 꿀우아(Colhuas)족이 거주하는 곳'이라는 의미를 지닌 나우아뜰의 '꿀우아깐(Culhuacan)'은 현재 '꿀리아깐(Culiacan)'이라고 불

달리 꿀우아깐은 지표면에 다양하게 투영되는데, 메소아메리카의
여러 곳에서 그 지명이 존재하는 것은 그 때문이다.

인간 집단의 기원으로서 신성한 산을 나타내는 또 다른 것은 인
간 집단이 출현한 동굴을 상징하는 특정한 곳들이다. 아스뜰란[15]
의 경우가 그것인데, 그 안에서 메시까족의 수호신인 우이칠로뽀
츠뜰리[16]가 출현해서 메시까족이 창건을 위해 이주하는 동안 그들
을 보호했다.

7. 직업의 상속

정복자들이 주목한 메소아메리카 사회조직의 특징 중 하나는
직업의 상속이었다. 자식들은 아버지 직업의 발자취를 따랐으며,
아버지에게 직업 교육을 받았다. 이것은 멘도사 고문서에 나타나
있는데, 이 문서는 유럽산 종이에 원주민 뜰라꾸일로[17]들의 그림
과 에스파냐어 문서 정보로 이루어진 작품으로, 에스파냐 왕에게

리는데, 꿀리아깐은 '할아버지'를 의미하는 '꼴리(colli)' 또는 꿀리(culli)에서
비롯된 것이다. 따라서 꿀우아깐은 '할아버지들이 사는 곳'을 의미한다.

15 아스뜰란(Aztlán)은 아스떼까인들의 조상들이 살던 곳으로, 나우아어로 아스
떼까라는 말은 '아스뜰란의 사람들'이라는 뜻이다.

16 우이칠로뽀츠뜰리(Huitzilopochtli)는 아스떼까인들의 종교에서 전쟁의 신을
일컫는다. 떼노츠띠뜰란의 수호신이다.

17 뜰라꾸일로(tlacuilo)는 고대 멕시코의 역사 서술에서 화가, 작가 혹은 학자를
일컫는 용어다.

보내기 위해서 안또니오 멘도사(Antonio Mendoza) 부왕이 주문해 만들어진 것이었다.

직업의 계승은 신자들에게는 종교적인 의무였는데, 그것이 수호신이 첫 조상에게 내린 명령과 가르침에서 비롯된 것이라고 생각했기 때문이다. 정착지 주민은 여러 바리오를 점유하고 있던 깔뿔띤에 거주하고, 도시 공동체 전체 경제에서 서로 연결되어 있던 다양한 동업조합에 참여했다. 이러한 형태로 깔뿔리는 훌륭한 수준의 경제적 자치를 유지했는데, 이 같은 경제적 자치는 그들이 공동 소유한 경작지의 경제적 자치와 연계되었다. 사료들은 떼노츠띠뜰란뿐만 아니라 멕시코 중부 다른 도시들의 바리오와 직업의 분포에 대한 많은 사례를 보여준다. 다른 많은 것 중에서 거기서는 다음과 같은 것이 언급된다. 즉 뽀츠뜰란[18] 깔뿔리는 같은 이름의 바리오에 있으며 상업의 신 야까떼꾸뜰리(Yacatecuhtli)를 수호신으로 숭배했고, 뜰라마친꼬[19] 깔뿔리는 자식들에게 뿔께 제조를 가르친 뜰라마친까뜰(Tlamatzincatl)을 수호신으로 모셨고, 아뗌빤[20] 깔뿔리는 증기 목욕탕 및 의사와 점성술사 등의 수호자인 또시(Toci) 신에 의해 창조되었다고 생각했다.

조상의 직업을 상속받는다는 믿음은 계보학적으로 거슬러 올라가면 수호신에 대한 믿음에서 비롯된 것이다. 깔뿔리 주민이 그들

---

18 뽀츠뜰란(Pochtlan)은 멕시코 중서부 할리스꼬(Jalisco)주에 있는 도시다.

19 뜰라마친꼬(Tlamatzinco)는 아스떼까 종교에서 섭리의 신인 떼스까뜰리뽀까(Tezcatlipoca)에게 바친 대신전 터다.

20 아뗌빤(Atempan)은 멕시코 남동부의 뿌에블라주에 있는 도시다.

아버지는 자식에게 목수, 석공, 화가, 금은세공사, 깃털 모자이크 제조자 같은 일을 물려주고 가르친다.

자료: 멘도사 고문서(Códice Mendocino), lám.71, f.70r.

의 본질인 신으로부터 비롯된 직업을 자랑스레 여겼던 것처럼, 앞에서 언급한 종족뿐 아니라 그 도시의 주민들도 모두 전문 직업인임을 과시하게 되었다. 메시까족이 (어부와 호수의 사냥꾼이라는 원래의 유산을 잊어버린) 전사로 만들어지고, 꾸에스떼까족 혹은 우아스떼꼬족의 수호신 꾸에스떼까뜰(Cuextecatl)이 뿔께를 발명한 신들의 집단에 속하며 최초의 술주정뱅이였다고 언급되는 경우를 자료에서 심심치 않게 발견할 수 있다. 메시까족에 따르면 이 신은 자식들에게 술에 취하는 습관을 물려주었다.

8. 토지의 공동 상속

토지는 수호신의 유산이었다. 깔뿔리는 경작지를 자기 것으로 간주함으로써, 깔뿔리를 구성하는 가족들에게 그 경작지를 분배하기 위해서 분할했다. 어떤 분할 경작지들은 집단적으로 경작되었다. 그 토지들의 생산물은 공동체에 속했는데, 그 생산물의 일부는 깔뿔리의 신전과 사제들을 부양하는 데 사용되었다. 다른 일부는, 앞에서 언급했듯이, 떼깔리의 토지에 포함되었는데, 공동체 구성원들은 그 토지를 떼꾸뜰리와 그 가족의 부양용으로 지정했다. 그 토지의 경작자는 떼깔레께(teccaleque)라고 불렸다.

토지 소유 가문들은 후손에게 권한을 물려주었다. 보유할 사람을 지명하는 제도에 관한 기록은 찾아볼 수 없지만, 수혜자는 자식 중 한 명이었으리라 생각하는 것이 마땅하다. 다른 식으로 분배했다가는 토지가 산산조각 나버리는 반(反)경제적인 상황에 처하게 될 것이기 때문이었다. 어떤 식으로든, 깔뿔리는 인구 변화를 좋지 않게 생각했다. 전쟁이나 전염병 때문에 인구가 감소하는 것은 낯선 일이 아니었다. 이럴 경우 토지는 경작되지 않은 상태가 되는데, 그런 토지에 에스파냐인들은 '비어 있는(vacante)'이라는 이름을 붙였다. 인구가 증가하면 많은 새로운 가정이 생산수단인 토지가 없는 처지에 놓이게 되었다. 인구 감소로 비어 있는 토지가 있을 경우에 토지처분권은 깔뿔리로 반환되었으며, 깔뿔리 당국자들은 그것을 다른 깔뿔리 구성원에게 제한된 기간 동안 임대할 수 있었다. 수익은 공동재산으로 비축했다.

표 6-2 토지 관련 사항

깔뿔리 혹은 깔뿔리가 소유한 토지 종류	소유	용도	경작	경작의 직접적인 수혜자
치난깔리 (Chinancalli)	분할지로 수혜받은 가문	수혜 가문들의 부양	가족 구성원 (calpuleque)	가족 구성원
공동체 전체 비용을 위한 토지	공동체 정부에 의해 관리	공동체 정부의 비용(정부, 신전, 학교 등)	공동	깔뿔리 정부, 사제 등
빈 토지	외부 노동자	임대	외부 노동자	외부 노동자
중앙정부에 공물을 납부하기 위한 토지	공동체 정부에 의해 관리	중앙정부에 공불 납부	공동	뜰라또까요뜰
떼깔리(Teccalli)	공동체의 구성원들 (떼깔레께)	떼꾸뜰리에게 지불	떼깔레께	떼깔레께와 떼꾸뜰리

수호신의 증여로 받은 토지의 보유권을 누리려면 토지를 반드시 경작해야 했다. 한 가정의 가장이 잠시 경작하지 못할 경우도 있다고 주장할 수 있었지만, 그 기간이 길어지면 보유권을 상실하고 공동 관리로 돌아갔다가 다른 가정에 할당되었다. 그러나 이러한 조치는 어린아이를 데리고 있는 과부에게는 해당되지 않는 것이었다. 게다가 과부에게는 가족이 할 수 없는 노동을 수행하기 위해서 노동자와 계약을 맺는 것이 허용되었다. 이러한 권리는 농업 노동을 수행할 수 있는 구성원이 있는 가정에는 결코 해당되지 않았다.

_ 김윤경 옮김

7장
권력

1. 권력 게임

세계 역사에서 누군가가 타자의 행위와 자유의지를 제어하기 위해 타자가 자신의 의지를 자유롭게 관철하는 것을 방해하는 이유에 대한 정당화는 계속해서 쌓여간다. 입증된 이유는 너무 많다. 지배자들은 그런 이유들로 꼬스모비시온을 드러내는 기념물을 세우고 그것을 피지배자들의 사상과 감정 속에 강제로 주입하려고 꾸준히 노력해 왔다. 정당화는 헤게모니를 장악하고 유지하고 확장하기 위한 더 쉽고 경제적이며 유연하고 확실한 방법이다. 그래서 비록 힘을 포기하지 않은 채 꼭꼭 숨길지라도 권력에 의지해서 만들어진 폭력 또한 직접적인 폭력과 연관이 있다. 권력은 꼬스모비시온에서 만들어지고 모든 꼬스모비시온에 스며든다. 꼬스모비시온은 권력 사이의 투쟁이며, 권력과 권력에 대한 저항 사이의 투쟁이기도 하다.

메소아메리카 권력의 기원을 설명하는 문헌은 많지 않다. 혈통 체제와 관련해서, 전고전기 중기에 이미 다양한 사회적 경쟁이 있었는데, 그중 통치권 경쟁은 특정 가문에만 한정되어 있었다고 고고학은 밝힌다. 그 이후로 사회적·경제적·문화적 복합성은 점점 더 넓어지는 범위를 중앙집권화하려는 경향을 띤 권력의 복합성과 더불어 나란히 증가했다. 수 세기 후, 지난 시대에는 단지 어슴푸레하게민 보이던 논쟁에 대해 깊이 연구할 수 있는 문헌 자료기 매우 충분한 단계에 이르렀다.

후고전기에 대해 기술한 문헌들은 세 개의 다른 체제 사이의 긴장 관계를 밝혀냈다. 즉, 나우아인들은 깔뿔리라 부르고, 유까딴 마야인들은 꾸츠뗄(cuchteel), 미스떼까인들(mixtecos)은 시끼(siqui), 끼체족은 아막(amak)이라고 부르던 가족 형태인 공동체 체제, 아득히 먼 과거에 조상 같았다는 이유로 정당화된 지닌 통치 기관, 그리고 특정 지역에 정착한 주민들을 정복해 세워진 통치 기관이 그것이다. 이 글에서는 순수성을 고집하려는 욕심과 전문용어를 공고히 하겠다는 포부도 배제하고, 단순하게 혈연체제와 영토체제라고 부르는 중앙집권화된 두 개의 권력 양식에 대해 간략히 살펴볼 것이다.

2. 통치 혈통

메소아메리카 사회는 일반적으로 소수의 특권층과, 재산에 대한 특전, 소유와 향유 권한을 지닌 상위 통치 계층으로 올라가는 것이 제한된 다수의 혈통으로 분리된다. 귀족들은 사회적 지휘권을 독점한 반면에 평민은 고된 생산 활동을 책임졌다.

빼드로 까라스꼬는 상인 조직에 근거해서, 깔뿔띤 내에는 귀족 혈통과 대다수 평민인 마세우알띤(macehualtin) 사이에 뚜렷한 구분이 있었다고 확신했다. 그의 주장은 타당하다. 6장에서 언급했듯이 떼아츠까우[1]의 권력은 깔뿔리의 한 구성원이지만 통치자로 임명된 혈통 내부에서 나온다. 이런 사실은 아주 오래전부터 공동체 내에 각 혈통의 특별한 직능에 따라 차이가 있었다는 점을 추측하게 한다. 그룹의 지휘권을 받은 일부 혈통은 활동 능력을 강화하기 위해 권력에 걸맞은 재산에 대한 접근과 권위가 필요한 반면에, 생산과 직결되는 직업을 가진 다른 혈통들은 사회적 직능을 수행하기 위한 특별한 재산이나 권위도 필요치 않다고 여겨졌다. 직능, 신분과 권위는 결정적인 형태로 짝을 이루었다. 전고전기부터 이미 무덤에 넣는 부장품의 차이가 두드러진다. 문헌자료에 의하면 후고전기 후기의 귀족들은 통치 직능의 중요성이 자신들의 권위적 위치와 그 어떤 조세 부담의 면제도 정당화한다고 주장했다.

혈통의 직능은 신성한 임무로부터 나온다. 고대 나우아족에 의

---

1   떼아츠까우(teáchcauh)는 '맏형' 혹은 '훌륭한 연장자'를 뜻한다.

박스 7-1 라 벤따 제단 1의 남성상

전고전기 중기에 이르러 모든 혈통은 잘 형성되었고, 최고 통치자들은 그들 중 제일 중요한 혈통에 속했다. 따바스꼬(Tabasco)주의 라 벤따(La Venta) 제단 1의 중앙에 보이는 사람은 신성한 산(Monte Sagrado)의 동굴 입구에 앉아 있는 통치자로 해석된다. 동굴은 재규어의 입 안, 정확하게는 코 밑, 윗입술과 잇몸 사이에 있다. 그의 위치는 그가 안에꾸메노(등 뒤)와 인간 생활에 적합한 앞쪽 부분(에꾸메노) 사이에 있다는 것을 의미한다. 그러므로 그는 인간 앞에서는 신을, 신 앞에서는 인간을 대표한다. 그는 손으로 긴 끈을 잡고 있는데, 아마도 혈통을 의미할 것이다. 몇 세기 후, 중앙고원의 나우아 사람들은 혈통을 뜰라까메까요뜰(tlacamecáyotl), 즉 '인간의 끈'이라고 불렀다.

하면, 귀족들이 부여받은 임무는 그 그룹 수호신의 능력을 초월했고, 귀족들은 인류 수호자가 되기를 소망했다. 세상에 빛이 존재하기 전에 그렇게 결정되었다. 그리하여 귀족들은 육체적으로도 우월해졌다. 끼체족은 낙시뜨 신[2]이 흡입한 불길을 품고 태어났으며, 그들은 이 활력으로 명령을 수행할 수 있었다고 한다. 「사뽀띠

---

2   낙시뜨(Nacxit)는 '네 발'이라는 뜻으로 여행자들의 수호자다. 께찰꼬아뜰과 동일시되는 신성한 존재다.

박스 7-2 혈통 나무

혈통은 세계의 다른 지역과 마찬가지로 선조나 가장 가까운 조상 혹은 유명한 인물에서 비롯된 한 그루의 나뭇가지로 나타난다.
위의 그림은 빨렌께 지배자의 석관 얼굴에 나뭇가지 모양으로 그려져 있는 빠깔의 선조들 모습이다.
왼쪽 그림은 식민시대에 따라스까 사람들이 그린 것인데, 누워 있는 몸에서 나무가 자라고 가지가 나와 귀족들이 자라난다.

뜰란의 지리적 연관성(Relación Geográfica de Zapotitlán)」[3]의 부록에는 다음과 같이 적혀 있다.

발람 끼체[4]의 자손인 우따뜰란(Utatlán)의 지배자들은 …… 밤에 전투를

---

3   Manuel Morato Moreno. 1579. El mapa de la Relación Geográfica de Zapotitlán: una isla de racionalidad en un océano de empirismo, en *Journal of Latin American Geography*, Vol.10, No.2(2011), pp.217~229.
4   발람 끼체(Balam Quitzé)는 마야 신화에 등장하는 인물로 들판과 수확의 수

벌였다. 그들이 밤에 적지(敵地) 사람들을 죽이려고 가자 사람들이 속수 무책 사방으로 흩어졌다. 그들은 사람들을 겁박하려고 악령(Demonio) 의 힘을 빌려 재규어와 퓨마로 변해 사람들 앞에 나타났고, 밤에는 입으로 불을 내뿜으며 공중을 날아다녔다. 이런 식으로 사람들에게 큰 해를 끼침으로써 엄청난 공포를 유발해 로보날(Robonal)의 모든 땅을 복속시켰다. 그리고 그들은 사람들로 하여금 자신들이 만물을 창조한 차꼴 삐똘(Tzacol Pitol)의 아들들, 말하자면 조물주의 아들들이라고 이해하게 만들었다.

반면에 평민은 몸이 너무 약해서 카카오에 취하면 위험하다고 메시까인들이 말했다.

3. 권력의 정당화

아주 이른 시대부터 통치권은 인간의 우주적 책임과 연결된 것 같다. 오늘날에도 공적 직능은 신성한 권력 앞에서 여전히 의무적이다. 하신또 아리아스[5]에 의하면, 초칠(tzotzil)족의 어느 군장(君長)

───────────

호신이다. 그의 얼굴은 그의 부모, 재규어 왕을 연상시킨다. 그의 이름은 '미소 짓는 재규어'라는 뜻이다. 마야인들은 그가 허리케인 신이 보낸 대홍수 후에 옥수수에서 창조된 최초의 인간이라고 믿었다.

5   하신또 아리아스(Jacinto Arias)는 마야 문명과 멕시코 원주민 문화를 연구하는 인류학자다.

이 산 뻬드로 체날호[6]에서 다음과 같이 단언했다.

어떤 직책을 맡을 때면 우리는 자신이 마치 신처럼 혹은 우리가 1년 동안 끌어안으며 떠안고 가는 성인처럼 느낀다. 주민들은 의무를 짊어지도록 우리를 선택하고 맡긴다. 의무를 다하지 못하는 것은 성인을 가볍게 여기고 방기하는 것이며, 동시에 주민을 가볍게 여기고 방기하는 것이다. 그렇게 하는 것은 마치 누군가에게 삶의 욕구를 없애버리는 것과 같다. 완수되지 못하는 의무는 우리를 으깨버리기 때문이다.

대부분의 경우 옛 귀족은 임무에 대한 책임과 수행을 희생이라고 생각했다. 귀족은 '평민의 짐꾼'이라 불렸고, 평민은 지도자 없이는 움직일 능력이 없었다. 그래서 디프라시스모[7]에서는 평민을 마치 등에 짊어지고 가는 보따리처럼, 은유적으로 '휴대용품', '등짐'이라고 부른다. 귀족은 체질이 강해서 평민이 버티지 못했던 임무도 견디고 참아낼 수 있었다. 그런데도 통치 임무의 신성한 유산은 다른 자질과 실천 등을 통해 더 강해져야만 했다. 그들이 따라야 했던 관습적 행동은 어떤 경우에는 극단적이기까지 했다. 멕시코 중부 지방의 옛 나우아족 중에서 떼떼꾸띤(tetecuhtin, 도시국가

---

6   산 뻬드로 체날호(San Pedro Chenalhó)는 멕시코 남부 치아빠스주에 있는 초칠족의 공동체다.
7   디프라시스모(difrasismo)는 개별 단어 두 개가 쌍을 이루어 하나의 은유적 단위를 구성하는 현상이다. 메소아메리카의 다양한 언어에서 아주 빈번하게 사용되었다.

의 왕인 tecuhtli의 복수형)과 **뜰라또께**(tlahtoque: 도시국가의 왕인 tlatoani의 복수형)는 죽었다가 새로운 성격을 지닌 인물로 부활한 것에 상당하는 의식을 거행해야만 했다. 떼꾸뜰리의 경우에는, 부활할 때 이미 받은 임무를 아우르는 새로운 이름을 얻었다고 한다. 게다가 가족의 전통적 권위, 귀족 학교에서의 특별 교육, 정치·종교·군사적 업무 수행 교육, 귀족 집단에 의해 마땅히 왕으로 선출될 만한 개인적 재능, 신성한 능력을 운용하는 후보자로서의 능력 등도 지니고 있었다(왕이나 군주가 지녀야 할 '허늘의 이흡 주름'에 관한 지식을 상기할 필요가 있다).[8] 이미 권좌에 앉은 통치자들은 무아경(無我境)의 여행을 통해 첫 번째 조상의 유령을 만나서 자신이 행사하는 권력의 정당성을 인증받았다.[9] 통치자는 최대한의 권한으로써 자신의 몸을 신성한 힘을 담는 용기로 바꾸어 인간-신이 될 수 있었다.

이런 권능을 소유함으로써, 귀족과 통치자들은 사회에서 가장 중요한 직능들에 대한 지휘권을 갖게 되었다. 중앙집권적이고 재정적인 통치, 18번의 베인떼나[10] 축제 거행, 신들보다 앞서 개입해 주

---

8 이는 정치 지도자의 천문학에 대한 지식을 강조한 것이다. 이 책 제2장의 '천문학과 정치'에는 떼츠꼬꼬의 뜰라또아니 네사우알뻴리가 메시꼬-떼노츠띠뜰란의 뜰라또아니로 막 선출된 모떼꾸소마 소꼬요친에게 보낸 메시지가 실려있다. "왕이나 군주는 통치하기에 앞서 하늘의 아홉 주름을 탐구할 수 있어야합니다."

9 당시, 정치 지도자(왕이나 군주)는 문제에 대한 해결책을 찾기 위해 '무아경(無我境)의 여행'을 하는 등 다소간의 주술 요법에 의존했다.

10 1년 365일은 20일 단위의 베인떼나가 18번 지난 360일에, 이른바 '이름 없는 날'이 5일 추가되어 계산된다.

민의 삶, 생산, 재생산과 건강을 돌보는 일, 전쟁 수행과 군사 통솔, 최고 통치자들이 범죄자들에게 사형선고를 내리기 위해 독점하는 재판권, 사제의 직무 관리 감독, 교육 내용 결정, 상업적 거래의 관장 등이었다. 정치적·사회적 복합성이 더 커지면서 공동체들과 예속된 정치 집단들의 경쟁은 억제되어 갔다.

4. 인간-신

고대로부터 우리 시대에 이르기까지, 사회적 통치를 위해 필요한 권력은 성스러운 것을 소유함으로써 생긴다. 권력이 지닌 부수적인 속성, 즉 인간을 자신의 도구로 선택하는 신의 한 부분은, 권력자의 경우 어린 시절부터 자주 특이한 행동이나 신체적인 표시를 통해 드러난다. 예를 들어 오늘날에는 어떤 신-번개[11]를 소유하는 경우가 자주 언급된다. 옛날 공동체에서는 이런 생각을 어디까지 넓힐 수 있었을까? 이츠꼬아뜰[12]의 명령으로 이루어진 분서(焚書)에 대한 얘기들은, 깔뿔띤의 성스러운 고문서들이 공동체 지도

---

11 신-번개(dios-rayo)는 중앙아메리카 전역에서 폭넓게 숭배되던 신인 뜰랄록 (Tláloc)으로 농사와 비, 불의 비(번개) 등을 주관한다. 그는 형제들과 함께 각기 다른 시대의 태양이 되었다고도 전해진다.

12 이츠꼬아뜰(Itzcóatl)은 떼노츠띠뜰란의 네 번째 왕이었고, 메시까가 떼빠네까의 지배를 벗어나 아스떼까 제국의 기초를 놓았던 1427년(또는 1428년)부터 1440년까지 아스떼까 제국의 첫 황제였다.

자들에게 신성한 권력을 부여하기 위한 도구로 사용되었다고 생
각하게 만든다.[13] 중앙 당국에 의하면 이 권력은 떼노츠띠뜰란에
서 초창기 중앙집권화에 걸림돌이 되었고, 미신 형식의 잘못된 개
념을 만들어낸 것처럼 여겨졌다.

극단적으로 말하자면 최고 통치자들의 소유물은 그들을 땅 위에
있는 신의 현신으로 만들었다. 지상의 똘란[14]에서 통치자-사제인
께찰꼬아뜰의 전설적 이야기는 이와 같은 신성한 소유물의 전형일
뿐만 아니라, 지배적인 왕조들에서 합법적이고 신격화된 통치의

---

13 떼노츠띠뜰란의 이츠꼬아뜰이 뜰라또아니였던 시절에, 아스까뽀찰꼬(Azca-
potzalco)를 공략한 후 메시까 도시국가는 헤게모니를 다시 쥐게 된다. 이츠
꼬아뜰은 도시의 깔뿔띤 공동체 당국의 권력을 약화할 계획을 세웠다. 그 수
단 중 하나는 족장들의 마술적 힘의 근원으로 작동하던 역사책을 불태우는 것
이었다[두란 고문서(Códice Durán), tratado.1, cap.9, lam.5].

14 똘란(Tollan, Tolan 또는 Tolán)은 신대륙 발견 이전 메소아메리카에 있던 두
제국의 수도를 가리키는 데 쓰이는 명칭이다. 그중 하나는 똘떼까의 수도 뚤
라이고, 다른 하나는 떼오띠우아깐이다. 이 이름은 나우아뜰어로 '골풀이 자
라는 곳'이라는 의미인데, 인구가 많이 밀집해서 '사람들이 갈대밭처럼 빼곡
히 모여 사는 곳'이라는 의미를 비유적으로 표현한 것이다. 비슷한 의미의 이
름들이 마야와 다른 멕시코 원주민들의 언어에서 사용되었다. 떼오띠우아깐
은 이런 이름으로 불린 첫 번째 도시로 보인다. 떼오띠우아깐 제국의 쇠퇴 이
후, 멕시코 중부는 여러 개의 자잘한 지역으로 분열되었다. 후에 똘떼까가 상
당한 크기의 메시까 제국을 일으켰는데 그들의 수도는 전 시대의 위대한 떼오
띠우아깐에 붙인 것처럼 이런 비유적인 이름으로 불리게 되었다. 에스빠냐
정복자들이 도착한 아스떼까 시기에 여러 문헌에서 나타나는 떼오띠우아깐
과 똘떼까는 종종 헷갈리고 동일시되기도 했다. 똘란이라는 별칭은 또한 종
종 거대한 대도시나 수도에 붙기도 했는데, 촐룰라를 예로 들면 이 도시는 가
끔 '똘란 촐룰라'로 불리기도 했고, 아스떼까의 수도 떼노츠띠뜰란 역시 비슷
한 의미로 '똘란'이라는 칭호를 받았다.

정통성을 보여주는 원천이 되었다. 예를 들어 이 경이로운 에꾸메노의 똘란(Tollan ecuménica)에 대해 말하자면, 그곳에서는 왕이자 사제인 인간-신이 통치했는데, 그는 내면에 께찰꼬아뜰의 신성한 불을 품었고, 그런 이유로 그의 이름을 사용했다. 똘란의 뒤를 이어 다른 신성한 도시들이 출현했다. 똘란-촐로란(Tollan-Cholollan)이 바로 그런 경우다. 통치자들은 야까사뽀뜰랄리스뜰리 의식[15]을 위해 그곳을 찾았다. 통치자들은 그 의식을 통해 코중격이나 콧방울을 권력의 상징인 보석을 걸 수 있게 만들었다.

과테말라 고지대에서는 까웩(Cawek) 혈통의 강력한 후계자인 구꾸마츠(Gucumatz)가 지배했다. 구꾸마츠는 께찰꼬아뜰과 같은 의미의 이름으로, '깃털 달린 뱀'이라는 뜻이다. 『뽀뽈 부』[16]에서 그에 대해 언급하며 그의 불가사의함에 대해 이렇게 묘사했다.

이레 동안 하늘에 올랐고, 이레 동안 시발바(Xibalbá)로 내려가기 위해 걸었다. 이레 동안 뱀으로 변했고, 진정한 뱀으로 돌아왔다. 이레 동안 독수리로 변하고, 이레 동안 호랑이로 변했다. 진정으로 그의 외관은 독

---

15 야까사뽀뜰랄리스뜰리(yacaxapotlaliztli)는 미래의 권력(지도)자가 될 사람에게 권위를 부여하기 위해 '코를 뚫는' 의식을 가리킨다.

16 『뽀뽈 부』는 과테말라의 서부 고지대가 터전이었던 끼체 마야 왕국의 신화, 전설, 역사를 집대성해 기록해 놓은 책으로, 마야의 종교와 문학에 대해 알 수 있는 중요한 자료다. 『뽀뽈 부』는 전반부에 세상의 창조와 관련된 영적인 내용을 담고 있어 끼체의 성서로 불리며, 후반부에는 끼체 왕가의 계보가 기록되어 있다. 끼체 왕국(1225~1524)은 메소아메리카 후고전기 시대에 존재했던 마야 왕국으로, 에스파냐가 침입하면서 역사 속으로 사라진 나라다.

수리고 호랑이였다. 다른 이레 동안 엉긴 피로 변했지만, 그것은 단지 휴식을 취하는 피였을 뿐이다. 이 왕의 자연력은 실로 경이로웠으며, 모든 영주는 그 앞에서 놀라움을 금치 못했다.

5. 혈연 체제

농업 공동체는 매우 이른 시기부디 내부 연합을 유지한 채 집단을 이루기 시작했고, 가족의 토지 근접성을 가능한 한 유지해 주었다. 연합 구조를 존중했기 때문에 어떤 학자들은 이런 과정을 마치 결집체가 다시 분열할 때 각자의 몫을 회수하는 형태인, 공처럼 둥근 같은 크기의 수은 방울이 합체하는 것과 같다고 은유적으로 언급했다. 그것은 키르히호프(Kirchhoff)[17]가 말한 원뿔형 씨족의 자산이며, 역사적 환경에 따라 흡사 차원분열도형[18]의 세부 요소가 합성되는 것처럼 융합했다가 분열한다. 그것은 마치 신의 소유물

---

17 폴 키르히호프(Paul Kirchhoff)는 독일-멕시코 인류학자로, 메소아메리카의 문화 지역을 정의하고 정교화하는 데 일조한 것으로 유명하다.

18 프랙탈(fractal)이라고 하는 차원분열도형은 자기유사성을 갖는 복잡한 기하 도형의 한 종류다. 자기유사체란 구성 부분이 전체와 닮은 것이다. 불규칙적인 세부나 무늬가 점차 더 작은 크기로 반복되고 순수하게 추상적인 것의 경우 무한히 계속 반복하기 때문에 각 부분을 확대하면 전체 물체와 근본적으로 같아진다. 실제로 자기유사체는 크기를 바꾸어도 변하지 않는다. 즉 크기에 대해 대칭을 이룬다. 프랙탈 현상은 눈송이와 나무껍질 같은 물체에서 쉽게 볼 수 있다.

이라는 것을 보여주는 듯한 융합-분열이다.

공동체의 친족 연합은 정복과 복음 전파에 활용되었다. 프란시스꼬 히메네스 수사[19]는 자신이 살던 시대(17세기 말~18세기 초) 끼체족의 상황을 언급하면서, 아막(amak) 또는 아라냐(araña: '거미'를 의미한다)라는 공동체에 대해 "그것은 마치 거미 다리처럼 퍼져 있는 작은 마을이며, 이런 모습 때문에 '거미'라는 뜻의 이름이 붙은 것이다"라고 말하고, "친족 또는 공동의 물건"에 기반을 둔다고 덧붙였다.

중앙집중화 과정은 집단화에 대한 우주론이 이끄는 대로 따랐다. 후고전기 후기 과테말라의 도시 우따뜰란(Utatlán)은 까웩, 사끽(Sakic), 니하입(Nijaíb), 아하우(Ajaw) 네 혈족으로 구성되었다. 첫 번째 두 혈족의 결합은 북쪽과 낮에 해당하고, 두 번째 두 혈족의 결합은 남쪽과 밤에 해당한다. 한편 도시의 서열화는 통치자들의 옛 관계의 유래에 근거한 친족관계에 따라 결정되었다. 상위 계급은 두 형이 차지했다. 라스 까사스[20]는 꾸마르까흐(Kumarkaj: 우따뜰란의 나우아뜰 이름) 도시에 대해 다음과 같이 언급했다.[21]

---

19 프란시스꼬 히메네스 수사(Fray Francisco Ximénez)는 과테말라의 신부로 끼체어를 배워 『뽀뽈 부』를 에스파냐어로 번역했다.

20 바르똘로메 데 라스 까사스(Bartolomé de las Casas)는 16세기 에스파냐의 식민지 개척자, 도미니코 수도회 사제다. 치아빠스의 초대 주교로서 공식적으로 '인디오의 보호자'로 서임받았다. 그는 유럽의 아메리카 대륙 식민화 제1세대에 방대한 기록을 남김으로써, 에스파냐인이 원주민에게 저지르는 잔혹 행위를 고발했다.

21 『역사옹호론개요(Apologética historia sumaria)』, lib.3, cap.234.

다른 두 형제가 각각 영지를 만들었다. 그러나 울뜰라뚤란(Ultlatulán)의 형제와는 다른 방법을 취했다. 그 이유는 비록 두 형제 모두 자기 휘하에 있는 사람들의 영주였음에도, 형들이 울뜰라뚤란의 영주라는 점을 인정했기 때문이다. 이 같은 우월성에 대한 인정은 공물을 바치는 것이 아니라 형을 존경하며 그에게 복종하는 것이었고, 전쟁이 나면 그를 돕는 것이었다. 이들은 각자의 영지를 소유하고 있었다. 특히 울뜰라뚤란과 붙어 있는 치끼물라(Chiquimula)와 올로끼뜰란(Oloquitlán)에 대해서는 각각의 재판부를 가졌다. 울뜰라뚤란 왕의 우월성은 콧방울에 구멍을 뚫는 것에서 드러나는데, 이는 다른 이들에게는 불법 행위였다.

공동체의 응집력은 고전기와 후고전기의 막강하고 위대한 혈연체제가 등장할 때까지 수 세기 동안 발전했다. 혈연체제가 등장한 후에도 공동체는 그토록 복잡한 권력 집중화의 세포 역할을 유지했다. 예를 들어 고전기 마야의 도시들은 서로 차원이 아주 다른 권력 중심지였다. 그중 많은 도시가 주권을 가졌으나, 규모가 큰 대도시들은 가장 힘이 약한 도시들과 경제·사회·정치적 동맹을 맺어 강력한 혈통을 만들어냈다. 최고 통치자들은 상속을 통해 권력의 정점에 올랐고 개인적으로 받는 공물에 따라 통치 능력에 대한 평가가 이루어졌다. 그들은 성스러움을 지닌 인간으로 변모했고 결국 초인(超人)으로 여겨졌다.

6. 수유아니스모[22]

떼오띠우아깐의 역사적 조건이 권력의 새로운 체제를 창출했을 것이라는 가정을 할 수 있다. 그 체제에서는 전 주민 공통의 신화적 조상까지 거슬러 올라가는 혈연관계가 더는 권력의 원천이 되지 않았다. 흑요석 채굴, 산업화, 상업화를 주요 기둥으로 삼는 경제는 다양한 부족 사람을 떼오띠우아깐으로 끌어 모았다. 발전 가능성을 높이기 위해 다양한 출신의 주요 그룹들을 연결할 필요가 있었다. 그들 중에는 농부(견고한 일반 땅에서 하는 치남빠 농업[23] 전문가도 있었다), 광부, 석공, 상인, 도공, 여러 종류의 수공업자 등이 있었다. 그런 형태의 집중화를 이루는 정치적·행정적 조직에서는 권력 대표자 집단을 형성할 필요가 있었지만, 서로 출신이 달랐기 때문에 인종을 기반으로 하는 체제에서 한 걸음도 더 나가기가 불가능

---

22 수유아니스모(Zuyuanismo)는 약 650년부터 900년까지 떼오띠우아깐 도시 국가의 경영 철학으로 '깃털 달린 뱀' 형상을 이용해 방대한 영토와 다양한 인종을 효과적으로 다스릴 수 있었다. 수유아니스모 정책의 핵심은 각 공동체의 역사적 전통과 종교의식, 시스템을 그대로 유지하도록 하면서 각자의 방식으로 '깃털 달린 뱀'을 숭상하도록 유도하는 것이었다. 그래서 '깃털 달린 뱀'이 께찰꼬아뜰, 꾸꿀깐 혹은 구꾸마츠 등 다양한 이름으로 불렸던 것이다.

23 아스떼까 제국은 떼츠꼬꼬의 얕은 호수 바닥에 진흙과 수초를 쌓아 만든 인공 섬 치남빠(Chinampa) 위에 수도를 세웠다. 이렇게 작은 섬들이 모여 커다란 수상도시, 즉 치남빠스가 되었다. 초기에는 식량을 생산하는 농경지였으나 이후 고정된 견고한 땅이 되자 신전과 주거할 집을 지었다. 습지에 도랑을 파내고 그 흙을 양쪽에 쌓아 올려 밭을 만들었다. 이렇게 만들어진 밭은 항상 아래로부터 물기가 스며들어 늘 비옥한 상태로, 작황이 좋아 떼노츠띠뜰란의 많은 인구를 유지할 수 있었다.

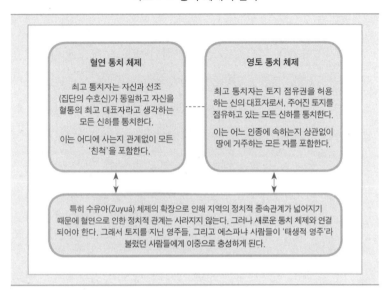

혈연 통치 체제

최고 통치자는 자신과 선조
(집단의 수호신)가 동일하고 자신을
혈통의 최고 대표자라고 생각하는
모든 신하를 통치한다.

이는 어디에 사는지 관계없이 모든
'친척'을 포함한다.

영토 통치 체제

최고 통치자는 토지 점유권을 허용
하는 신의 대표자로서, 주어진 토지를
점유하고 있는 모든 신하를 통치한다.

이는 어느 인종에 속하는지 상관없이
땅에 거주하는 모든 자를 포함한다.

특히 수유아(Zuyuá) 체제의 확장으로 인해 지역의 정치적 종속관계가 넓어지기
때문에 혈연으로 인한 정치적 관계는 사라지지 않는다. 그러나 새로운 통치 체제와 연결
되어야 한다. 그래서 토지를 지닌 영주들, 그리고 에스파냐 사람들이 '태생적 영주'라
불렀던 사람들에게 이중으로 충성하게 된다.

했다. 그래서 새로운 개념을 바탕으로 전반적인 통치 관계를 형성
할 수밖에 없었다. 즉 주민의 인종과 무관하게 직능에 따라 공동
의 영토에 예속되는 것이다.

떼오띠우아깐 멸망 후 영토권 개념은 인구밀도가 높은 새로운
도시가 번성하는 데 유리하게 작용했는데, 대도시의 특징은 다양
한 부족으로 이루어졌다는 점이다. 권력의 새로운 중심부는 상업
적 이해에 따라 움직이는 각기 다른 집단을 수용했는데, 그들은 복
합적 구조 속에서 조화롭게 어울려 살았다. 소치깔꼬와 까까스뜰
라(Cacaxtla)는 아주 명확한 예를 보여준다. 까까스뜰라는 떼오띠우
아깐 출신 사람들과 멀리 떨어진 마야 영토의 중심부에서 온 사람
들로 구성되었다. 후고전기 초기에 역시 다양한 그룹으로 형성된

수유아니스모의 특징은 대도시에 서로 다른 민족이 공존한다는 점이다. 치첸 이싸에 있는 재규어 신전에는 서로 다른 두 개 집단이 공존한 것을 뒷받침할 귀중한 사례가 남아 있다. 그림 상단에 있는 전사들은 똘떼까의 뚜렷한 특징을 보여준다. 반면에 하단에 있는 사람들 대부분은 마야 전통 의상을 입었다. 그림 중앙부를 보면 '깃털 달린 뱀'이 두 층을 연결해 주고 있다.

자료: 아델라 브레똔(Adela Breton)의 수채화, Pacheco, Raíces(사진).

똘란에서 영토 체계가 정착되었고, 혈연 통치자들의 강력한 저항에도 그곳에서부터 정치적 개념이 메소아메리카로 뻗어나갔다. 그 개념은 멕시코 중부, 미초아깐 서부, 유까딴, 과테말라 고원지대, 메소아메리카의 다른 지역에서 성공을 거두었다. 오아하까에서는 오초 베나도 가라 데 하구아르[24]가 주도한 위대한 미스떼까의 정복 통일과 함께 성공이 절정에 이르렀다.

24　오초 베나도 가라 데 하구아르(Ocho Venado Garra de Jaguar)는 미스떼까의 전설적인 정치가이자 군사 전략가로 정복전쟁을 시작했다. 그의 이름은 '재규어의 발톱을 지닌 여덟 사슴'을 의미한다.

종교 중심의 생각은 각 집단이 세상으로 나가기 전에 신화적인 똘란에서의 인간 존재의 역할을 강조했다. 인류의 수호신 께찰꼬 아뜰에 의해 통치되는 이 안에꾸메노적 도시는 평화롭고 조화로 웠다. 그곳에서는 언어가 통일되고 모든 직업이 융성했으며 유일신을 숭배했다. 모든 변화의 원동력인 죄업(罪業)은 주민들을 일곱 명씩 그룹지어 천천히 세상 밖으로 내쫓았다. 각 집단은 그곳에서 나갈 때 자신들의 특성을 간직했다. 새로운 정치는 다양한 모습으로 변한 사람들로 이루어진 조화로운 집단의 귀환을 지지했다. 깃털 달린 뱀의 보살핌과 그의 이름 아래 왕조들이 세워졌다. 이런 이유로 많은 통치자가 마치 신의 화신인 것처럼 으스댔다.

이 사상의 조류를 가리키는 명칭이 역사적 기록에 없었으므로 '수유아니스모'라는 명칭이 제안되었다. 수유아(Zuyuá)가 신화적 똘란에 주어진 많은 명칭 중 하나였기 때문이다.

7. 혈연 체제의 합병

혈연 체제는 공동체를 파괴하지 않고서 그 위에 세워졌다. 혈연 체제는 중앙집권화된 귀족계급의 이익에 맞추면서 공동체들을 활용했고, 공동체의 우주론적 원칙과 조직의 형태를 폐기하는 대신 그들의 혈연 체제 편의에 맞게끔 발전시켰다. 이러한 정책은 공동체들의 불안감을 해소하는 데 충분하지는 않았지만 상당 부분 긴장을 완화해 주었다. 영토 체제 또한 공동체들에 대해서 동일한

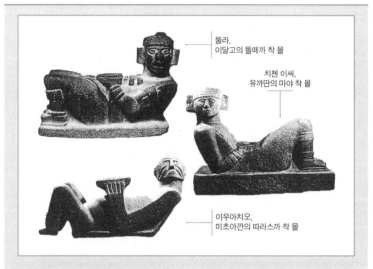

똘라,
이달고의 똘떼까 착 몰

치첸 이싸,
유까딴의 마야 착 몰

이우아치오,
미초아깐의 따라스까 착 몰

수유아니스모 확산 효과 중 하나는 체제의 종교적 특징을 나타내는 상징의 출현인데,
그중의 하나가 착 몰*이다.

* 착 몰(Chac Mool)은 고대 마야의 비와 번개의 신이다. 반쯤 누운 상태에서 고개를 쳐들고
한쪽을 바라보는 모습으로, 배에 접시 같은 것이 올려 있다.

정책을 실행했는데, 떼노츠띠뜰란의 조직에서 이를 살펴볼 수 있
다. 그곳 구역들은 정식 교육에 대한 내부의 관심, 깔뿔리의 종교,
직업적 질서, 인구조사와 국가 감독하의 경찰 조직 등 문제에 대해
공동체를 충분히 만족시키고 있었지만, 국가는 행정과 조직을 위
해 큰 노력을 하지는 않았다.

영토 체제는 혈연 체제에 맞서서 다른 많은 일도 실행했다. 영
토체제는 기본 조직을 파괴하거나 통치자들을 제거하려 하지도
않았다. 즉 우두머리 지도자들을 중앙행정에 합류시키면서 적절

"사람도 많고 영주도 많아서 아꿀루아(Aculhua), 메초떼까(Metzoteca, 그들이 곧 치치메까다), 떼빠네까, 꿀루아(Culhua)의 네 민족으로 구성된 왕국들 사이에 커다란 혼란이 있었다. 혼란스러운 일에 질서나 조화가 없듯이, 이 인디오들 사이에서도 그렇게 시간이 흘렀다. 그래서 용의주도한 성격의 황제 떼초뜰랄라친(Techotlalatzin)은 왕국과 주요 주의 수장 26명에게 명령을 내려 각자 가진 자신의 정부에서 왕과 영주로서 황제를 도와줄 것과, 황제와 함께 제국 전체를 보호할 것을 지시했다. 이를 위해 황제는 자신의 황국 영지의 왕들에게 자리를 보증해 주었고, 아직 왕이 되지 않은 사람들에게는 그들을 왕으로 임명해 주면서 자리를 보증해 주었다. 그렇게 모두가 봉토와 신하의 신분을 받고 황제를 인정했다.

황제는 다른 용의주도함도 보여주었다. 이런 용의주도함이야말로 그의 또 다른 시도를 확실하게 보장해 주기 위해 매우 필요했는데, 그는 이런 분배를 다 마치고 나서 네 명의 최고 수장을 궁정으로 데려왔다. 그리고 황궁에서 네 개의 직무를 법제화하고 자신과 가장 가까운 집단과 일가친척 중에서 네 명의 관료를 그 자리에 앉혔다. 그중 하나는 떼뜰라또(Tetlahto)라 불렀는데, 그를 총대장과 전쟁 참모로 삼았고, 아꿀루아 영주들에게 그 자리를 주었다. 두 번째는 욜끼(Yolqui)라 불렀는데, 그에게는 총대사(embajador mayor) 직책을 주고, 누에바 에스빠냐의 왕국과 주에서 오는 모든 대사를 영접하는 임무를 맡겼다. 그는 손님의 성품과 길흉화복에 맞춰서 선물과 숙박시설을 준비했다. 그 자리는 꿀루아 영주들에게 주어졌다. 뜰라미(Tlami)라고 불린 이는 집과 왕국의 최고 집사였는데, 그 자리는 메초떼까, 오또미 또는 치치메까 영주들에게 주어졌다. 네 번째는 아메치치(Amechichi)라 불렀는데, 황제의 시종으로서 왕궁 내부의 모든 일에 신경을 썼다. 그 자리는 떼빠네까(tepaneca) 영주들에게 주어졌다.

비록 이 영주들에게는 왕들이 행한 첫 번째 분배와 커다란 지방들이 꽤 적합했다 하더라도, 그들의 만족감은 두 번째 분배와 함께 사라져버렸다. 그들 또한 왕임에도 불구하고 자신의 왕국에 대해 즐기고 향유하게 내버려 두지 않았기 때문인데, 바로 그것이 황제가 모든 것에 대해 안심할 수 있었던 많은 책략 중 하나였다. 이 영주들 중에는 꼬우아뜰(Cóhuatl)이라 부르는 체격이 매우 큰 자가 있었는데, 그에게는 금, 깃털, 그리고 궁전과 집에서 필요한 모든 것을 만드는 사람들의 체류 관리를 책임지도록 했다. 그는 오꼴꼬(Ocolco) 사람들을 지휘했는데, 그 마을은 이런 물건들을 만드는 떼츠꼬꼬 동쪽 가까이 있었다.

황제는 왕정을 더 확고히 하기 위해 용의주도하다기보다는 지혜롭다고 해야 할 책략을 구사했다. 그는 모든 토지를 집단별로 주민의 숫자와 신분에 따라 분배해서 모든 마을이 경작지를 가질 수 있었고, 사람도 그렇게 분배했다. 그래서 만일 떼빠네까의 한 마을에 주민 6000명이 있었다면, 거기서 2000명을 뽑아 다른 메초떼까 또는 치치메까 마을로 보냈다. 그리고 그 메초떼까 마을에서 2000명을 뽑아 떼빠네까 마을로 보내고, 그곳에서 다시 2000명을 뽑았다. 만일 한 마을에 2000명이 있다면, 5분의 1을 추려서 반대편 마을로 보냈다. 그리고 거기서 같은 수의 사람을 뽑아내 이미 뽑아서 내보냈던 곳으로 보냈다. 그리고 그 2000명을 내보냈던 떼빠네까의 영주는 비록 그가 영주였던 마을에서 그들과 함께 있지는 못해도 그들을 원래 있던 마을의 주민으로 인정했다. 이는 꿀루아, 메초떼까, 치치메까, 아꼴루아에게도 마찬가지였다. 그러므로 비록 그들이 언급된 수의 사람들을 보유한다 하더라도, 자신의 영지에서 그들 모두를 소유하는 것이 아니라 서로 섞어서 보유하고 있었다. 그렇게 해야 어느 한 가문 사람들이 반란을 일으키려 해도 다른 가문에서 자신들에게 동조하는 사람들을 찾아낼 수 없기 때문이다. 이런 방법으로 황제는 평온하게 살았고, 죽을 때까지 위대한 지도자로 지낼 수 있었다. ······"

자료: 또르께마다(Torquemada), 『원주민 왕국과 의례 21권(Los veintiún libros rituales y monarquía indiana)』, lib.2, cap.8, 1975, vol.1, pp.127~128.

하게 흡수하는 것만으로도 충분했다. 그들에게 매우 중요한 정치적 책임을 맡기는 것을 미끼로 삼았고, 이념적으로 주민들의 신성한 직업 유산의 한 부분으로 변모한 특별한 임무도 함께 부여했다. 문제는 이들을 지혜롭게 연결하는 작업이었다. 그럼에도 많은 경우 진짜 중요한 문제는 '똘떼까의 평화'라는 이념에 복종하는 일이었다. 이 경우 세상의 상식처럼 평화는 전쟁을 통해 억지로 강요하기 위한 핑곗거리였다.

사법적·정치적으로는 이중 충성 게임이 존재했다. 혈연적 통치자뿐 아니라 영토적 통치자들 때문이었다. 모든 것은 경쟁의 문제였는데, 그중에서 대비되는 것은 에스파냐 사람들이 '태생적 영주'라 부르던 혈연 통치자들에게 주민들이 자발적으로 바치던 공물에 맞대응해서 영토 권력자들에게 바쳐야 하는 고세율의 공물이었다. 더욱이 영토의 모든 주민 위에 군림하는 왕들 또한 많은 경우, 그 영토 안에서 살고 있든지 아니면 영토 밖으로 흩어졌든지간에, 종가의 친척들인 '태생적 영주들'이었다. 떼노츠띠뜰란의 '뜰라또아니'는 모든 꿀루아인의 통치자로 불렸다. 뜰라꼬뺀의 통치자는 떼빠네까인의 통치자로, 떼츠꼬꼬의 통치자는 아꿀루아뿐 아니라 치치메까인의 통치자로 불렸다.

8. 삼각동맹

수유아니스모 체제의 조직에 관한 규범은 두 가지 수적 기준의 조합에 의거했다. 즉 우주적 횡축(橫軸)의 수 4~5와 종축(縱軸)의 수 3이다. 이에 따라 영토를 중앙에서부터 네 개의 커다란 정치·행정 구역으로 분할했다. 역사가 페르난도 데 알바 익스뜰릴소치뜰[25]이 밝힌 바에 따르며, 신화적 전통이 이미 많이 변형되어 버린 상태에

---

25 페르난도 데 알바 익스뜰릴소치뜰(Fernando de Alva Ixtlilxoóchitl)은 식민 시대 누에바 에스파냐 부왕령(멕시코)의 역사가로, 아스떼까 원주민을 연구 했다.

서 똘떼까의 왕 또삘친 메꼬네친(Topiltzin Meconetzin)은 탁자 표면의 사분면을 각각 네 가지 색깔의 보석으로 채운, 사각의 공놀이 경기장 모양의 커다란 탁자를 만들라고 명령했다.

　다른 한편으로 종적으로는 초국가적 권력을 충족하기 위해 정복한 영토에서 헤게모니를 쥐었던 세 도시의 동맹이 자리 잡고 있었는데, 이상하게도 인종적인 이유가 또다시 정복의 명분이었다. 방금 언급한 떼츠꼬꼬, 떼노츠띠뜰란과 뜰라꼬빤의 대표성은 이른바 삼각동맹이라 부르는 예시깐 뜰라똘로얀(Excan Tlahtoloyan)의 기반이었는데, 삼각동맹은 세 도시가 아스까뽀찰꼬(Azcapotzalco)를 상대로 승리한 후 헤게모니를 쥐고 나서 만들어졌다. 동맹은 그 당시에 바로 만들어진 것은 아니다. 그것은 수 세기 전 이달고의 똘란에 의해 최초로 만들어진 동맹의 연장선에 있는 것으로서, 그때부터 멕시코 중부 지역에서 가장 유명했던 여러 도시를 계속 거쳐 온 것이다.

　예시깐 뜰라똘로얀은 세 명의 우두머리가 교대로 재판권을 행사하며 관할하는 구역이었다. 여기에 상호협력 조약과 군사동맹도 추가되었다. 그럼에도 얼마 지나지 않아서 예시깐 뜰라똘로얀의 가장 중요한 임무는 피정복자들의 공물을 약탈하는 광범위한 정복전쟁을 위한 군사력 강화에 있었음을 보여주었다.

　미초아깐에서는 주변 왕들을 상대로 거둔 따리아꾸리의 승리 후에 동맹으로 통합을 이루었다. 빠츠꾸아로(Pátzcuaro), 친춘찬 (Tzintzuntzan), 이우아치오(Ihuatzio)와 같이 승리를 거둔 왕국들이 동맹을 형성했다. 유까딴 반도에서는 치첸 이싸(Chichén Itzá), 우스말

(Uxmal), 마야빤(Mayapán)이 우두머리 왕국이었다.

삼각동맹은 상호 간의 군사적 연합이라는 목표가 일치하는 동안에는 그 기능을 완수했다. 얼마 지나지 않아 모든 지역에서 동맹국들이 정치·경제적으로 불안정해지자 가장 강력한 세력의 압박이 시작되었다. 떼노츠띠뜰란은 두 동맹 국가에 서서히 자리를 넘겨주었다. 떼츠꼬꼬의 왕 네사우알삘리의 항거는 역사에 기록되어 있다. 유럽의 침략자들이 도착했을 때 이미 대규모로 항거하고 있었는데, 침략자들이 승리한 원인 중 하나가 이런 불만이었다. 침략자 세력에 수많은 반체제 원주민이 가세했다.

_ 유왕무 옮김

그만하면 되었다

이렇게 해서 우리는 메소아메리카 전통의 꼬스모비시온에 관해 개괄하고 그 마지막에 이르렀다. 내적으로는 과도한 종합화가 그 내용을 단순화하고 억지로, 또 지나치게 일반화함으로써 시간 속에서 그리고 광대한 영토 안에서 전통을 만들며 향유하는 사람들 사이에 존재해 온 풍부한 다양성을 은닉해 버린다. 외적으로는, 이 꼬스모비시온이 우리 나라(멕시코)에 공존하는 여러 꼬스모비시온 중 하나인데, 우리 나라에서는 전통이 모두 원주민의 것이 아니고, 원주민 문화가 모두 메소아메리카의 과거에서만 영향을 받은 것도 아니다. 우리는 수많은 조각으로 이루어진 어느 모자이크의 일부이지만 그 조각들의 경계가 늘 제대로 확정되지는 않는다.

필자가 50년이 넘는 과거부터 이 연구를 시작하기로 한 주목적은 우주를 형성하는 개념에서 일관성을 찾아보려는 것이었다. 밖에서 보면 모든 꼬스모비시온은 이국적이고 기묘한 맛이 난다. 그것은 우리 자신의 신념에 대한 영원하고도 불가피한 확신 때문에 우리가 걸려드는 속임수의 한 부분이다. 우리의 사고는 이국적이고 이상한 낯선 이들에 의해 판단되는데, 그들은 우리가 타자의 사고를 판단할 때 근거로 삼는 것과 유사한 논거와 불합리한 시각을 동원한다. 그럼에도 불구하고 필자는 타자, 모든 타자에 대한 인식에서 진전이 있는 것만큼 편견과 편협성이 천천히 옅어지고 있다고 믿는다.

서글프게도 식민시대 유산의 틀에 갇혀 있는 우리 나라에서 우리와 다른 것은 거부되고 혐오의 대상이 된다. 우리는 스스로가 모자이크라는 생각에 동의하지 않으며, 우리의 다양성을 인정하는 대신 우리가 밑바탕에 있는 사람들이 마땅히 올라가야 한다고 생각하는 동질성들의 단계 하나를 만든다. 다른 사람은 누구든 자신의 이상을 좇아 열망을 이루며 자신의 정체성에 따라 존재하고 발전할 권리가 있는데도, 식민 정신을 지닌 우리는 이를 부정한다.

이와 같은 낯선 사람 중에는 멕시코의 원주민이 있는데, 이들은 수치스러울 정도의 소외와 가난에 처해 있다. 오늘날의 원주민은 누구인가? 정부에 의해 들판으로, 불공평으로, 불확실성, 불안정성으로, 제 나라인 이곳에서 미래가 없는 상태로 내몰린 사람들은 부조리한 멕시코 경제 체제가 부정하는 자신들의 생계 수단을 찾아 외국으로 떠난다. 멕시코의 원주민은 국외 이주 노동자가 늘어선 거대한 줄을 더욱 길게 만들고 있다. 공식 통계에 의하면 2015년에 이들이 모국으로 송금한 돈은 247억 7090만 달러다. 멕시코가 원유의 채취와 판매로 얻은 수입의 33%를 초과하는 액수다. 외국인이 국내 관광에서 쓴 돈보다 많다. 더욱이 2016년 1분기의 송금액은 2015년 같은 기간에 비해 8.9%나 증가했는데, 이는 올해 이루어질 원유 판매 이익금의 두 배가 넘는 액수다. 국외 이주 노동자들은 열악한 환경과 극도로 불리한 처지에서 그 같은 성과를 이루어냈다. 만일 부를 창출하는 사람들의 영토가 더욱 공정한 나라에 속해 있다면, 그들이 과연 자신의 영토에서 어떤 식으로 발전하게 될까?

원주민은 자기 운명의 주인이 될 자격이 있고 자신의 의지에 따라, 자신의 꿈에 기반해 자신의 미래를 건설할 자격이 있다.

2016년 8월
멕시코시티

찾아보기

알프레도 로뻬스 아우스띤(Alfredo López Austin, 1936~)

콜럼버스 도래 이전의 메소아메리카에 관한 연구에서 괄목할 만한 업적을 남긴 멕시코의 역사가로, 멕시코 국립자치대학교(UNAM) 인류학연구소의 명예연구원이자 같은 대학교 인문대학 메소아메리카의 꼬스모비시온 전공 교수로 활동하고 있다. 그동안 수많은 메소아메리카 전문가를 배출했다.

그는 대학에서 법학을 전공한 뒤 1970년에는 멕시코 국립자치대학교에서 「인간-신: 나우아 세계의 종교와 정치(Hombre-dios. Religión y política en el mundo náhuatl)」로 석사학위를 받았다. 1970~1972년에 같은 대학교에서 박사과정을 이수하고, 1980년에 논문 「인간의 몸과 이데올로기: 고대 나우아족에 관한 개념들(Cuerpo humano e ideología: Las concepciones de los antiguos nahuas)」로 박사학위를 취득했다.

학문을 탐구하는 과정에서 아날학파의 영향을 받았는데, 특히 프랑스의 역사학자 페르낭 브로델이 각기 다른 역사적 시기에 관해 설정한 개념은 메소아메리카의 역사적 현실을 설명하며 '핵심(núcleo duro)' 개념을 만들려 했던 로뻬스 아우스띤에 의해 더 정교하게 다듬어졌다.

그의 연구는 메소아메리카의 꼬스모비시온, 신앙, 의례, 신화의 의미를 역사적 맥락에서 이해하는 데 집중되었는데, 가장 널리 알려진 연구 성과는 인간의 몸과 그 몸을 구성하는 각기 다른 영혼에 관한 고대인의 개념에 관한 것, 메소아메리카 신화의 본성에 관한 것, 세상의 창조에 관한 것, 우주의 기하학적 구조와 기능에 관한 것 등이다. 현재 페루의 루이스 미요네스(Luis Millones)와 함께 메소아메리카와 안데스의 종교적 전통을 비교하는 연구에 매진하고 있다.

그동안 26권의 책을 집필하고 8권의 책을 편집했는데, 대표작으로는 『인간-신(Hombre-Dios)』(1973), 『인간의 몸과 이데올로기(Cuerpo humano e ideología)』(1980), 『뜰라꾸아체 신화(Los mitos del tlacuache)』(1990), 『따모안찬과 뜰랄로깐(Tamoanchan y Tlalocan)』(1994), '메소아메리카 전통의 꼬스모비시온(La cosmovisión de la tradición mesoamericana)' 시리즈(2016) 등이 있다. 이 외에도 고고학자인 아들 레오나르도 로뻬스 루한(Leonardo López Luján)과 함께 『원주민의 과거(El pasado indígena)』(1996)를 출간했다.

그동안 다양한 장학금, 연구비를 지원받았고, 다수의 저명 학술상을 수상했는데, 특히 2020년에는 역사·철학·문학·언어·예술·사회과학 분야에서 뛰어난 성과를 거둔 사람에게 시상하는 '국가예술문학상(Premio Nacional de Artes y Literatura)'을 받았다.

옮긴이(수록순)

조구호
한국외국어대학교 중남미연구소 HK교수

최해성
고려대학교 스페인·라틴아메리카연구소 연구교수

김수진
사이버한국외국어대학교 스페인어학부 교수, 한국외국어대학교 중남미연구소 HK일반공동
연구원

정경원
한국외국어대학교 스페인어과 명예교수

김윤경
한국외국어대학교 중남미연구소 HK연구교수

유왕무
배재대학교 스페인어·중남미학과 교수, 한국외국어대학교 중남미연구소 HK일반공동연구원

한울아카데미 2331

생태문명총서 2

메소아메리카 전통의 꼬스모비시온

'신과 인간'

지은이 l 알프레도 로뻬스 아우스띤
엮은이 l 한국외국어대학교 중남미연구소
옮긴이 l 조구호·최해성·김수진·정경원·김윤경·유왕무
펴낸이 l 김종수
펴낸곳 l 한울엠플러스(주)
편집책임 l 최진희
편집 l 이동규·정은선

초판 1쇄 인쇄 l 2021년 9월 10일
초판 1쇄 발행 l 2021년 9월 30일

주소 l 10881 경기도 파주시 광인사길 153 한울시소빌딩 3층
전화 l 031-955-0655
팩스 l 031-955-0656
홈페이지 l www.hanulmplus.kr
등록번호 l 제406-2015-000143호

Printed in Korea.
ISBN 978-89-460-7331-9 93940

※ 책값은 겉표지에 표시되어 있습니다.

이 저서는 2019년 대한민국 교육부와 한국연구재단의 지원을 받아 연구되었음
(NRF-2019S1A6A3A02058027).